Was stimmt?

Islam

Die wichtigsten Antworten

HERDER spektrum

Band 5736

Das Buch

Der Islam – ein Sammelbecken für Terror und Fundamentalismus? Ein Synonym für Intoleranz und erstarrte Tradition? Oder eine Religion der Vielfalt und des Wandels? Kennt der Islam eine Aufklärung – oder ist er nicht vielmehr ein Relikt längst vergangener Zeiten, frauenfeindlich und intolerant? Was hat es auf sich mit den islamistischen Bewegungen? Und wie sieht der Islam den Westen? Wie können wir den Islam verstehen lernen, wie ihn kritisch würdigen? Ludwig Ammann klärt auf über Sunna und Schia, Scharia und Dschihad und über den alltäglichen Islam. Das Wichtigste zu Muhammad und Koran, vor allem aber zum politischen Islam heute, zu den Gefahren, die von ihm ausgehen, und zu den Möglichkeiten, die er birgt.

Der Autor

Ludwig Ammann, Dr. phil., geb. 1961 in Herrsching, studierte Literaturwissenschaft, Islamwissenschaft und Völkerkunde in Freiburg und London. Publizist und Filmverleger. Bei Herder spektrum: Cola und Koran. Zusammen mit Katajun Amipur (Hg.): Der Islam am Wendepunkt.

Ludwig Ammann

Was stimmt?

Islam

Die wichtigsten Antworten

HERDER

FREIBURG · BASEL · WIEN

Anmerkung: Zitate aus dem Koran werden durch ein „Q“ mit nachfolgender Angabe von Sure und Vers nachgewiesen. Jahresdaten werden nach christlicher/muslimischer Zeitrechnung genannt.

Gedruckt auf umweltfreundlichem, chlorfrei gebleichtem Papier

Originalausgabe

www.herder.de
Gesamtherstellung: fgb · freiburger graphische betriebe 2007
www.fgb.de
Umschlaggestaltung und Konzeption:
R · M · E München, Roland Eschlbeck, Liana Tuchel
Covermotiv © Corbis
ISBN: 978-3-451-05736-6

Inhalt

Einleitung

»Time shall belong to man«
Dylan Thomas

Es gibt kaum einen Gegenstand, der heute in den Gazetten und auf der Straße leidenschaftlicher diskutiert würde als der Islam. Und kaum einen Gegenstand, über den so viele Menschen so entschieden urteilen – und doch so wenig wissen. Das gilt für Nichtmuslime *und* Muslime: Man staunt, mit welcher Selbstverständlichkeit Zuwanderer aufgrund ihrer Religionszugehörigkeit als IslamexpertInnen gecastet werden, obwohl sie vom Islam nicht mehr wissen als gewöhnliche Christen vom Christentum.

Dass wir trotzdem alle glauben, Bescheid zu wissen, verdanken wir den Medien. Die aber können nur über das berichten, was Schlagzeilen macht – und das ist das Unheil, das die islamische Welt heimsucht und immer öfter auch die übrige Welt; nicht aber der friedliche Alltag. Das verzerrt die Wahrnehmung – weil die relativierende Eigenwahrnehmung fehlt. Und so verdichtet sich, steter Tropfen höhlt den Stein, der Argwohn, *alle* Muslime seien fanatisch und jedes Kopftuch ein Ruf nach dem islamischen Staat.

Man könnte es besser wissen – und dieses Buch möchte dazu beitragen. Es greift die heißen Eisen auf und informiert genau da, wo der Schuh drückt. Wir wollen wissen, was es mit dem Dschihad auf sich hat: Missioniert der Islam mit dem Schwert? Gehört die Scharia abgeschafft? Ist der Islam gegen die Moderne und ihre Errungenschaften wie Demokratie und Menschenrechte? Die Antworten gehen naturgemäß über ein einfaches Ja oder Nein hinaus. 1,3 Milliarden Muslime leben und verstehen den Islam höchst verschieden – und in diese Vielfalt gilt es einzuführen.

Das beginnt bei den Grundlagen: der Geburt des Islam, dem Koran, dem Propheten, dem Heilsweg und der Heilsgeschichte. Daran interessiert genau das, worauf sich *heute* die unterschiedlichen Bewegungen von liberal bis radikal berufen; nicht zu vergessen jene Islamkritiker, die ausgerechnet den radikalsten Muslimen recht geben – hier geben sich gläubige und ungläubige Fundamentalisten die Hand. Auf unnützen Wissensballast hingegen – untergegangene Dynastien und theologische Haarspaltereien – wird verzichtet. Bereits die Grundlagen führen von der heutigen Fragestellung in die Vergangenheit und von da zurück in die Gegenwart. Der zweite Teil entfaltet dann deren Panorama, indem es das aktivistische Feld zwischen politischem und puritanischem, revolutionärem und reformatorischem Pol vermisst: die vielen Farben der Erneuerung. Kapitel über antiwestliche und antiislamische Ressentiments beschließen das Buch, ein Bonuskapitel über Muslime in Deutschland und Europa erscheint im Web.

Dieses Buch will Sie mit mehr Wissen ausstatten. Allerdings nicht nur mit Facts & Figures; denn die bleiben ohne systematische Deutung stumm, oder, schlimmer noch, ein Misston wie der Schrei des Esels. Mögen Sie mit echtem Wissen gerüstet in die nächste Runde der Debatte eintreten!

Bonuskapitel, Randnoten und Belege unter:
www.ludwigammann.de

Daten und Fakten

»Die Muslime haben keinen Papst wie die Christen«

Verbreitung, Vielfalt und Wandel einer Weltreligion

Die Christen? Seit wann haben die Protestanten einen Papst? Und was bedeutet er kirchenfernen Katholiken? Und umgekehrt bei *den* Muslimen: Ist das Amt des Obersten Ayatollah bei den Schiiten etwa kein Schritt hin zu einer höchsten und ungeteilten Lehrautorität im zunehmend hierarchischen Klerus dieser Konfession – also ein Trend zum »Papst«?

Richtet man den Blick auf die Binnenunterschiede beider Weltreligionen, erweist sich so mancher griffige Gegensatz von Christen und Muslimen als trügerisch. Natürlich ist es einfacher, sich Andersgläubige alle gleich vorzustellen. Aber die Unterschiede zwischen Sunniten und Schiiten, Volk und Eliten, Arabern, Türken, Gleichgültigen, Eiferern, Früher und Heute sind so groß wie die zwischen Katholiken und Protestanten, Westeuropäern und Schwarzafrikanern,

Bibeltreuen und Weihnachtschristen. Mit anderen Worten: Den einen, immer und überall gleichen Islam gibt es so wenig wie das eine, immer und überall gleiche Christentum!

Wenn hitzige Debatten über muslimische Zuwanderung und islamistischen Radikalismus mit Behauptungen über *den* Islam ausgefochten werden, kann man sicher sein, dass sie falsch sind, einerlei, ob sie ihn kritisieren oder vor Kritik in Schutz nehmen – weil sie die verschiedensten Weisen, ein Muslim zu sein, in einen Topf werfen. Führen wir uns daher die *Vielfalt* und den *Wandel* muslimischer Daseinsentwürfe vor Augen, den nie endenden Kampf um das richtige Islam*verständnis,* der teils Fremdes, teils Vertrautes hervorbringt!

Der Islam und die anderen Weltreligionen

Weltweit gibt es etwa 1,3 Milliarden Muslime, ein Fünftel der Menschheit. Größer ist nur das Christentum mit 2,1 Milliarden Gläubigen. Der

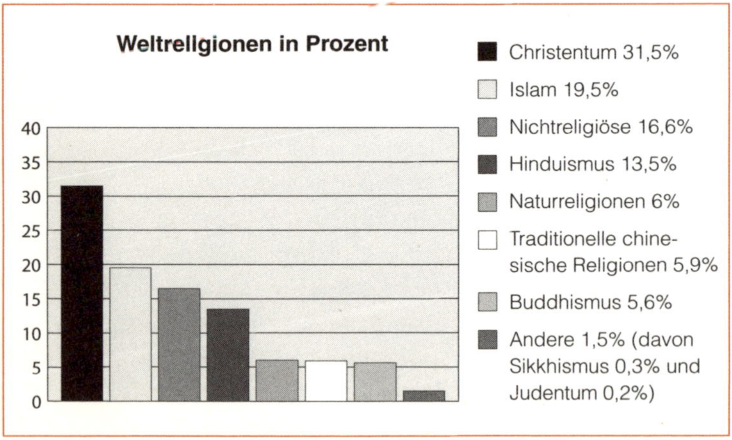

Islam ist die zweitgrößte Religion der Welt. Es folgen Religionslose und Atheisten mit stattlichen 0,9–1,1 Milliarden und Hindus mit 0,9 Milliarden. Sowohl das Christentum als auch, derzeit etwas schneller, der Islam wachsen durch Missionserfolge und hohe Geburtenraten in Afrika und Asien. Sollte eine Trendwende ausbleiben, müsste der Islam das Christentum eines Tages überrunden. Samuel Huntington sagte das für die Zeit bis 2025 voraus, die Neuausgabe des Zahlenwerks, auf das er sich stützte, prognostiziert hingegen noch für das Jahr 2050 drei Christen auf zwei Muslime.

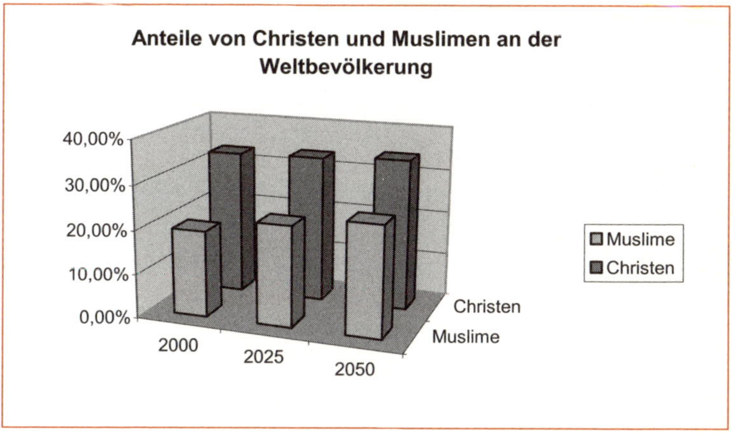

Hauptverbreitungsgebiet des im 7. Jahrhundert a. D. von der Arabischen Halbinsel ausgegangenen Islam ist ein breiter Gürtel, der von Marokko bis Indonesien reicht. Die überwiegende Zahl der Länder mit muslimischer Bevölkerungsmehrheit hat den Islam zur Staatsreligion erhoben, nicht aber die Türkei, Syrien und Indonesien. Die meisten Muslime sind *keine* Araber – und nicht wenige Araber *keine* Muslime! So gibt es in Ägypten und Syrien mindestens sechs bzw. zehn Prozent orthodoxe und andere Christen und arabische, nämlich vor Jahrhunderten im Exil arabisierte, Juden in Israel.

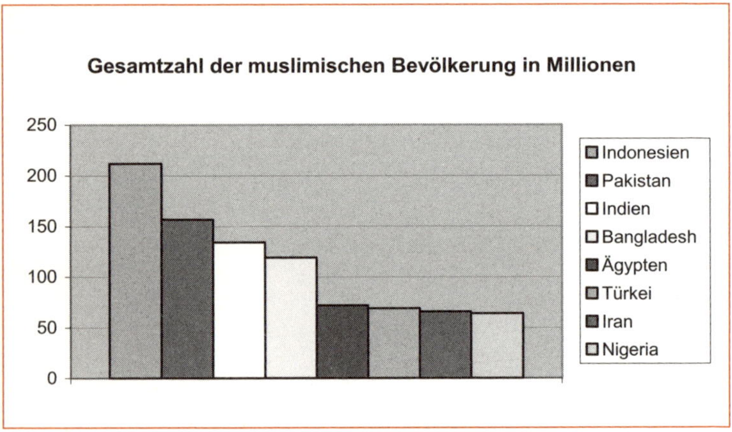

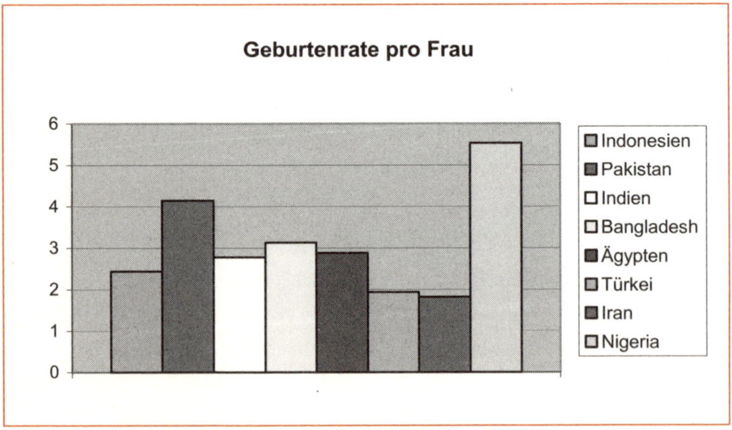

Geographische Verteilung

Der Anteil der Araber am Gesamt der Muslime beträgt höchstens ein Fünftel und sinkt. Die meisten Muslime leben in Süd- und Südostasien – ein Fünftel in Indonesien! – und bald auch Schwarzafrika, die Zukunft des Islam entscheidet sich – wie die des Christentums – trotz Pilgerfahrt nach Mekka fern vom Ursprung dieser Weltreligion. Nicht minder trügt die Vorstellung, Muslime müssten in heißen und trockenen Regionen leben. Die Winter im Norden der islamischen Welt sind feucht und kalt, in den Gebirgen Marokkos, Anatoliens und Irans liegt lange Schnee. In Westeuropa und Nordamerika dürfte der Anteil der Muslime selbst bei eingeschränkter Zuwanderung von derzeit einem (USA, Italien) bis acht Prozent (Frankreich) bis 2050 auf ein bis zwei Zehntel steigen.

Glaubensbekenntnis (Schahada)

Das Glaubensbekenntnis der Muslime lautet: »Ich bezeuge, dass es keinen Gott gibt außer Gott, und dass Muhammad der Gesandte Gottes ist.« Die Muslime bekennen sich also zum Glauben an einen *alleinigen* Gott, dessen Botschaft ein berufener Mensch verkündet, Muhammad. Dessen Verehrung als *Mittler* zu Gott steht immer hinter der gebotenen kultischen Verehrung Gottes als Schöpfer und Herr aller Dinge zurück: Die Muslime sind keine »Mohammedaner«, ihr Prophet ist – anders als der Jesus der Christen – kein Gott. Was er übermittelt, ist das zum *Vortrag* im Gottesdienst bestimmte Wort Gottes, der *Koran*. »Islam« heißt darin noch schlicht »Sich-Ergeben«, nämlich sich Gott ergeben; wer seinem Wort und Willen folgt, ist ein Gott *ergebener* Mensch, ein

Muslim (Q 3:18–22). Fromme Muslime stellen ihre Absichten darum gern unter den koranischen Vorbehalt »So Gott will« (*in schâ' allâh*), fromme Christen beten »Dein Wille geschehe wie im Himmel so auf Erden«, so fügt man sich beiderseits in den Willen Gottes.

Prophet und Gesandter

Als Prophet (*nabîy*) beschließt Muhammad laut Koran die Reihe der Propheten, durch die sich der eine Gott seit Adam den Menschen offenbart hat, als Gesandter (*rasûl*) überbringt er wie Moses und Jesus eine Heilige Schrift. Diese deutet ihr Verhältnis zur alt- und neutestamentlichen Offenbarung als Überbietung und gottgewollte Reform; der Religionshistoriker verzeichnet schlicht eine weitere Abwandlung des Eingottglaubens, eine neue Lesart der monotheistischen Konstruktion.

Drei Schwesterreligionen

Welche Unterschiede brachten die Abwandlungen bei den drei Schwesterreligionen hervor? Für Juden ist der *Bund* mit Gott exklusiv – nur ihr Volk ist erwählt zum Heil; das beschränkt den Anteil des Judentums an der Weltbevölkerung auf weniger als ein Prozent. Für Christen ist Gottes Botschaft *universal*: Jeder Mensch kann dem Bund beitreten, es gilt, alle Heiden zu bekehren, das Christentum ist also eine echte *Weltreligion*. Der Islam hält an der universalen *Mission* fest und konkurriert darum mit dem Christentum um weltweite Geltung. Den Weg zum Heil weist im Judentum das göttliche Gesetz, die 613 Ge- und Verbote umfassende *Tora*, die Moses auf dem Berg Sinai empfing. So auch im Islam die

Scharia, das religiöse Recht, das unter anderem auf den je nach Zählweise 200 bis 500 Gesetzesversen des Koran fußt. Im Christentum ist hingegen Christus der wichtigste Heilsbringer, der die Gebote der Tora zum Liebesgebot vereinfacht und die Menschheit durch Tod und Auferstehung erlöst; die Heidenmission konnte daher auf das jüdische Gesetz verzichten. Heutigen ganz dem Gedanken religiösen Rechts entwöhnten Christen ist die jüdische und islamische *Gesetzesreligiosität* fremd. Schließlich: Während das Judentum politisch scheiterte und das Christentum erst nach Verfolgungen zur staatstragenden Religion aufstieg, gründete der Prophet Muhammad bereits zu Lebzeiten einen *Staat*.

Sunniten und Schiiten

Vielfalt und Wandel gehören zum Wesen der monotheistischen Revolution. Die Annahme eines Ordnung gebietenden Gottes erlaubt es, über den göttlichen Weltentwurf zu streiten: Wie ist sein Wort zu verstehen? Immer neue Deutungen, Meinungsverschiedenheiten bis hin zur *Spaltung* der Glaubensgemeinschaft und sogar Aus- und Neugründungen wie das Christentum und der Islam sind die Folge. Wichtige Scheidungen im Christentum sind die zwischen Ost- und Westkirche und in Letzterer die zwischen Katholiken und Protestanten durch die Reformation. Im Islam entzweite schon zwei Jahrzehnte nach dem Tod des Propheten der Kampf ums Kalifat, also um die politische und religiöse Führung der Muslime, die Gemeinschaft in Anhänger Alis, des Vetters des Propheten und Vaters seiner Enkel, die *Schiiten*, und seine Gegner, die späteren *Sunni-*

ten. Die unterlegenen Schiiten überlebten als oft unterdrückte Minderheit und machen heute zehn bis fünfzehn Prozent der Muslime insgesamt aus. Zur herrschenden Mehrheit stiegen sie in Iran auf (89 Prozent), auch im angrenzenden Aserbaidschan und Irak (60 bis 65 Prozent) bilden Schiiten die Mehrheit, im Libanon sind sie die größte konfessionelle Gemeinschaft und eine bedeutende Minderheit am Arabischen Golf. Welche Sprengkraft der konfessionelle Gegensatz noch heute entfalten kann, zeigen die jüngsten Kämpfe im Irak.

Sunnitische Eiferer propagieren einen besonders reinen Monotheismus und lassen keinerlei Mittler zwischen Mensch und Gott zu. Anders die Schiiten. Sie verehren Ali, Fatima, die ihm angetraute Tochter des Propheten, und deren Nachkommen, die führungsberechtigten *Imame*, an ihren Gräbern als »*Sachwalter Gottes*«, die in der Not bei Gott für sie bitten können.

Sufitum

Auch die gewöhnlichen Sunniten haben ihre *wundertätigen Heiligen*, die Scheichs der *Sufis*: Die Meister der ab dem 8. bzw. 12. Jahrhundert entstandenen mystischen Schulen und Orden werden von Pilgern an ihren Gräbern verehrt und um Fürsprache bei Gott gebeten. Es haben sich also auch im Islam Heilswege über das Gesetz hinaus ausgebildet, die trotz Widerstand mittlerfeindlicher Kreise das religiöse Leben breitester Schichten prägten, nun trotz Verfall und Verfolgung im letzten Jahrhundert wieder aufleben und als Angebote spiritueller Erfahrung selbst im Westen Anhänger finden.

Aleviten

Zu den ungewöhnlichsten Verehrern Alis zählen die *Aleviten,* die man als Borderline-Muslime bezeichnen könnte: Viele Sunniten und Schiiten bezweifeln, dass sie noch als Muslime gelten können. Etwa zwölf Prozent der Türken und Kurden in Deutschland sind Aleviten.

Heute verlaufen die wichtigsten Grenzen im Zeichen von radikaler Verweltlichung und religiöser Erweckung auch im Islam nicht mehr zwischen den Konfessionen. Es ist vielmehr der Gegensatz von islamischen Aktivisten und Kulturmuslimen, der die Gesellschaften prägt, und im Diskurs gleich welcher Glaubensrichtung das Ringen zwischen liberalen und konservativen Auslegern der Offenbarung – ein *innerislamischer* Kulturkampf nicht zuletzt um die Frage, ob man sich fremdkulturellen Anregungen öffnen oder verschließen will. All dies ist Ausdruck davon, dass auch Muslime in der Moderne nicht mehr in eine bindende Tradition hineingeboren werden, sondern wie Christen und andere vor der Wahl stehen. Sie sind daher, wenn sie sich für einen eifrig praktizierten Glauben entscheiden, wiedergeborene Muslime wie George W. Bush wiedergeborener Christ. Im gegenwärtigen Kampf der Bewegungen um Anteile am religiösen Markt verhält sich dieses Brevier keineswegs neutral. Vielmehr steht es unbedingt auf der Seite all derer, die Vielfalt und Wandel als Ausdruck der Gewissensfreiheit jedes einzelnen Menschen zu schätzen wissen. Feinde der Vielfalt wie die saudischen Wahhabiten, die Sufis, Schiiten und Liberale verfolgen, werden benannt.

Glaubensgrundlagen

»Muhammad ist kein Prophet«

Der Prophet: Glaubensreformer und verehrtes Vorbild

Prophet, Schwärmer oder Betrüger

Wer ein echter Prophet ist, vielleicht gar ein Messias, und wer nicht, ist und bleibt die Glaubensfrage schlechthin. Die meisten Juden waren nicht bereit, Jesus von Nazareth als den verheißenen Messias anzuerkennen, und blieben Juden. Ähnlich erging es Muhammad in seiner Heimatstadt Mekka: Die meisten seiner Stammesgenossen mochten zunächst nicht glauben, dass er ein von Gott gesandter Prophet sei. Nicht ohne Grund gehört darum der Glaube an seine Sendung zum muslimischen Glaubensbekenntnis: »Ich bezeuge, dass es keinen Gott gibt außer Gott, und dass Muhammad der Gesandte Gottes ist.« Nachgebo-

»Sprich: Wir glauben an Gott und das, was auf uns gesandt wurde, und das, was auf Abraham, Ismael, Isaak, Jakob und die Stämme gesandt wurde, und das, was an Mose und Jesus und den Propheten von ihrem Herrn erging. Wir machen bei keinem von ihnen einen Unterschied. Ihm sind wir ergeben (*muslimûna*).« (Q 3:84)

renen Propheten fällt es leicht, ihre Vorläufer anzuerkennen; daher wissen Christen Moses und Muslime Moses und Jesus als Propheten zu schätzen. Umgekehrt bleibt Anhängern früherer Propheten bei nach eigenem Bekunden von Gott berufenen Predigern des Wandels nur die Wahl, sie entweder anzuerkennen und sich zu bekehren oder aber als falsche Propheten abzutun. Was Muhammad angeht, nahm das moralische Urteil der Christen im Zeitalter der Aufklärung eine bedeutsame Wende: Seither ist es Ungläubigen möglich, Muhammad als aufrichtigen »Schwärmer« zu würdigen, der von seiner göttlichen Sendung überzeugt war und Großes als religiöser und gesellschaftlicher Reformer schuf; zuvor galt er als »Betrüger«. Allerdings werden Gläubige und Ungläubige die heikle Frage nach der eigentlichen, dies- oder jenseitigen Quelle seiner Eingebungen nach wie vor verschieden beantworten.

Deutungen der religiösen Vielfalt

Für Muslime stellt sich die Frage, wie der Eigensinn jüdischer und christlicher Glaubensgemeinschaften zu verstehen sei. Der Koran erwägt zwei Deutungen der religiösen Vielfalt. Zum einen will Gott die *Einheit* des Glaubens und der Gemeinschaft, seit er sich Adam offenbarte und einen Bund mit der Menschheit schloss. Deren fortdauernde Spaltung ist auf Ungehorsam und Streit über den Sinn der Volk für Volk an sie ergangenen, *wiederholten* Rechtleitung Gottes zurückzuführen. So hätten die Juden Teile der Tora vergessen, ver-

> **»Unter den Juden gibt es welche, die (Gottes) Worte verdrehen und sagen: ›Wir hören – und gehorchen nicht!‹« (Q 4:46)**

worfen und sogar entstellt. Propheten klären Strittiges und mahnen zur Umkehr, sie sind aus dieser Sicht Reformer im Sinn von *Wiederhersteller* der Uroffenbarung.

Zum anderen will Gott die *Vielfalt* der Glaubensgemeinschaften, den Wettbewerb im Gehorsam auf *verschiedenen* Heilswegen: »Für jeden von euch haben wir eine Satzung und einen Weg festgelegt. Wenn Gott es gewollt hätte, hätte er euch zu einer einzigen Gemeinschaft gemacht. Doch will er euch in dem prüfen, was er euch vorgab. So tut Gutes um die Wette! Zu Gott kehrt ihr alle zurück, dann klärt er euch über das auf, worüber ihr uneins wart.« (Q 5:48) Die Spaltung ist hier auf eine *revidierte* Rechtleitung Gottes zurückzuführen, zumindest das Gesetz kann nämlich strenger oder liberaler ausfallen, Propheten sind aus dieser Sicht Reformer im Sinn von *Neuerer*, sie überbringen eine sich in manchem wandelnde Offenbarung. Streit über deren richtiges Verständnis ist daher rechtens, die endgültige Aufklärung wird aufs Jüngste Gericht vertagt.

Jesus im Koran: »(Ich komme zu euch) um das zu bestätigen (*musaddiqan*), was von der Tora vor mir vorhanden war, und um euch einiges von dem zu erlauben, was euch verboten wurde.« (Q 3:50)

Dreieinigkeit der monotheistischen Offenbarungen

Der paradoxe Befund gottgewollter Einheit *und* Vielfalt kann als Erkenntnisgewinn verstanden werden, der den Wettbewerb von Judentum, Christentum und Islam um das beste Verständnis des Eingottglaubens trinitarisch deutet: als Dreieinigkeit der monotheistischen Offenbarungen. Der für künftige Reformen grundlegende Doppelsinn von »Er/Neuerung« wird durch die koranische Formel der sich *bestätigenden* Offenbarungen nur unzureichend zum Ausdruck gebracht, da sie den Aspekt des gottgewollten Wandels im Steten übergeht.

Herkunft Muhammads

Hauptschauplatz der Mission Muhammads waren die Städte Mekka und Medina auf der Arabischen Halbinsel im 7. Jahrhundert nach Christus. Die damaligen Araber lebten als Bauern und Beduinen in Stämmen. Sie verehrten nicht einen, sondern viele Götter, nämlich eigene und fremde Stammesgötter an deren Heiligtümern und den gemeinarabischen Hochgott Allâh bei der jährlichen Wallfahrt ins götterreiche Kultzentrum Mekka. An ein Leben nach dem Tod glaubten sie nicht, den Sinn des Lebens erklärten die Dichter mit Heldentum, und die Götter dienten den Menschen gegen Opfergaben als Helfer in der Not. Mit anderen Worten: Das Leben war weltlich. Wem das nicht genügte, der konnte Jude, Christ oder unabhängiger Monotheist werden. Die wenigsten wollten es, und keiner wurde Prophet.

Anders Muhammad – unter Zwang. Er kam um 570 a. D. in der aufstrebenden Handelsstadt Mekka zur Welt. Um 610 erlebte der früh verwaiste Karawanenhändler eine Vision, später Auditionen: Gott offenbarte sich ihm durch den Engel Gabriel, der den zu Tode Erschrockenen dazu presste, ihm das Wort Gottes nachzusprechen. Seine Gattin, die erfahrene Unternehmerin Chadîdscha, machte ihm Mut: Sie glaubte an seine Sendung – der erste Muslim ist eine Frau! So wurde der Koran über zwei Jahrzehnte Stück für Stück herabgesandt. Die polytheistische Volksreligion der Araber trat damit ins Stadium systematischer Reflexion, die dem Hochgott Allâh zur Alleinherrschaft verhelfen will. Dazu betont der Koran die Allmacht des Hochgotts, schließt aus seinem Schöpfertum auf die »neue Schöpfung«, also ein Leben nach dem Tod, und fordert dafür Gottesdienst, nämlich tägliche rituelle Gebete. Vor allem aber soll kein anderer außer ihm angerufen werden, und das nicht nur in höchster Not, wie es die Mekkaner tun – um sich dann im Alltag wieder an andere Götter zu wenden, die zum fernen Hochgott vermitteln.

»Trag vor im Namen deines Herrn, der schuf, * den Menschen schuf aus zähem Blut! * Trag vor! Dein Herr von höchstem Edelmut * gab durch das Schreibrohr Unterricht * dem Menschen Unterricht * wovon er wusste nicht.« (Q 96:1–5)

Die Glaubensreform knüpft also an bereits Geglaubtes an, sie macht den Glauben der Araber »rein«, indem sie den Kult auf einen einzigen, den höchsten Gott konzentriert. Das ist für sie neu, nicht aber für die Juden, Christen und sonstigen Monotheisten unter ihnen und ihren Nachbarn. Der Koran sagt darum: »Sprich: Ich bin kein Neuerer unter den Gesandten!« (Q 46:9) Doch die Mekkaner bleiben skeptisch. Für sie sind die Verkündigungen nur Muhammad

»Sie sagen: ›Wie, wenn wir gestorben und Staub und Knochen geworden sind – dann sollen wir auferweckt werden? Das wurde uns und zuvor unseren Vätern verheißen, aber das sind nichts als die Fabeln der Früheren!‹« (Q 23:82 f.)

zugetragene »Fabeln der Früheren«. Die monotheistische Moralisierung der Religion durch Gott als Gesetzgeber und Richter bei einem Jüngsten Gericht lehnen sie rundweg ab. Und sie glauben nicht, dass Muhammad der Gesandte Gottes ist: »›Er ist nur ein Mensch wie ihr, der sich über euch erheben will!‹« – so die Stadtoberen (Q 23:50).

Hidschra – die Auswanderung

So kam es, dass nur wenige, überwiegend junge Männer sich Muhammad anschlossen. Die meisten stammten aus gutem Hause. Die früheste Offenbarung verdankte sich keiner Gesellschaftskrise, Mekka war eine Oase des Friedens. Man kann ihr Auftreten auch nicht mit einem Verfall der Vielgötterei erklären. Denn zum Bruch mit den Mekkanern kam es, als sich die Offenbarung radikalisierte und die eigene und zwei benachbarte Stammesgöttinnen endgültig von jeglichem Kult ausschloss. Darauf sagte der Rat der Stadt der religiösen Bewegung den Kampf an. Um 622 a. D. war der Prophet bezwungen und wanderte mit siebzig Anhängern aus seiner Vaterstadt ins große ferne Yathrib aus: seine Mutterstadt, das spätere Medina.

Die Stammesgöttin der Quraisch, al-'Uzzâ, wurde in einem Baumheiligtum bei Mekka verehrt, die Stammesgöttin der Thaqîf, Allât, in at-Tâ'if, und die Stammesgöttin der Aus und Khazradsch, Manât, in Qudaid zwischen Medina und Mekka.

Der Bündnisvertrag von Medina

Das war die Wende. Denn hier lebten mindestens fünf jüdische – geschätzte zwanzig- bis vierzigtausend Juden! – und zwei arabische Stämme als Bauern auf engstem Raum und befehdeten sich sippenweise. In der heilen Welt Mekkas drohte von Muhammads Heilsbotschaft Unheil, die Zerrüttung der Stammesgesellschaft. In der zerklüfteten, führungslosen Vielstammesgesellschaft Yathribs war dagegen ihr Nutzen zu entdecken: die dem *gemein*arabischen Hochgott Allâh mögliche religiöse Vergemeinschaftung *aller* dort ansässigen Stämme über Stammesgrenzen hinweg. Von den Glaubenbrüderschaften der ersten Stunde führte der Weg mit Zunahme der Bekehrungen zum *Bündnisvertrag* zwischen den Auswanderern und den Medinensern mit Muhammad als Schlichter. Das begründete die soziopolitische Gemeinschaft der Gläubigen, die berühmte islamische Umma, die Gott und seinem Gesandten gehorchen soll. Ausschlaggebend für den kollektiven Erfolg der Offenbarung war also eine ungelöste Ordnungsfrage, der nur in Medina durch Wachstum der Siedlungseinheit über den Stamm hinaus gesteigerte Integrationsbedarf.

»Die ihr glaubt, gehorcht Gott und gehorcht seinem Gesandten und den Zuständigen unter euch! Wenn ihr über etwas streitet, bringt es vor Gott und den Gesandten, wenn ihr an Gott und den Jüngsten Tag glaubt!« (Q 4:59)

Die Einnahme Mekkas

Nun fehlten noch zwei Dinge zur Herrschaft Gottes: die Welt und sein Wille, das Gesetz. Neue Offenbarungen forderten die Gläubigen zum Kampf gegen die Ungläubigen in Mekka und anderswo auf, zum Dschihad; mit guten Worten allein waren die Polytheisten nicht zu bekehren. Acht Jahre nach der Hidschra nahmen die Muslime 630/8 Mekka ein. Dann unterwarfen sie nach und nach alle arabischen Stämme. Die Gründung eines Glaubensstaats im staatenlosen Arabien, die Einigung der Araber zu einem Projekt der Welteroberung war eine Erfolgsgeschichte, die das Gedächtnis prägte. Der Exodus nach Medina machte es möglich, die Hidschra wurde darum zu Recht zur Zeitenwende erklärt, mit der eine neue, die islamische Zeitrechnung beginnt, das Jahr 1 nach der Hidschra (n. d. H.).

Abkehr von Juden und Christen

Kein Staat ohne Gesetz. Zur kultischen Rechtleitung der mekkanischen Suren traten in Medina Offenbarungen, die das gesellschaftliche Leben regelten: Familien-, Straf-, Kriegsrecht und mehr. Nur in einem scheiterte Muhammad: Seine Hoffnung, auch von Juden und Christen als Prophet anerkannt zu werden, wurde enttäuscht. Hier wie da galt das Prophetenamt als längst erloschen. Für die Juden Medinas steckte der Koran voller Fehler. Ihr Widerstand führte zur entscheidenden Wende im Selbstverständnis der Offenbarung: Sie bestätigt nun nicht nur volksfremde Vorläufer, sie erneuert vielmehr den *arabischen* Urmonotheismus, die »Religion Abrahams«, der das Ka'ba-Heiligtum in Mekka erbaut oder gereinigt habe; und als »Siegel der Propheten« kann Muhammad auch nicht mehr überboten werden. Das ist der Akt, durch den sich der Islam von seinen Vorgängern abnabelte. Die Gebetsrichtung wurde entsprechend von Jerusalem nach Mekka verlegt. Das strenge Gesetz

> **»Muhammad ist von keinem von euren Männern der Vater, sondern der Gesandte Gottes und das Siegel der Propheten.« (Q 33:40)**

der Juden galt nun als Strafe für ihre Sünden, zwei der ursprünglich dem Bündnis assoziierten führenden Stämme wurden unter dem Verdacht des Verrats aus Medina vertrieben, beim dritten eskalierte der Konflikt bis zur Hinrichtung der 400 bis 700 Männer. Gegen die Vergottung Jesu im Christentum wendet der Koran ein, dass Jesus der Sohn Marias, nicht aber der Sohn Gottes sei. Den Tod am Kreuz bestreitet er: Gottes Gesandte sind nur Überbringer einer Heilsbotschaft und nicht Heiland durch Selbstopfer.

Tod Muhammads

Muhammad starb am 8. Juni 632, ein Jahr nach seiner Abschiedswallfahrt, elf Jahre nach der Hidschra. Er hat die Welt verändert wie kaum ein anderer. In nur zwei Jahrzehnten reformierte er den biblischen Monotheismus und legte den Grundstein zu einem Weltreich. Er tat es als Staatsmann und Prophet. Am Anfang steht aus gläubiger Sicht eine Offenbarung. Ihr Ansinnen ist Entwurf zu einem frommen Leben, das sich im Stadtstaat von Medina erstmals verwirklichte. Von dort ist es ein weiter Weg bis zu den mannigfaltigen islamischen Regionalkulturen in Geschichte und Gegenwart. Doch eines ist ihnen allen gemeinsam: der Wandel durch Ausdeutung des ersten Entwurfs, der nie endet.

Der Prophet als Vorbild

Die Offenbarung ließ viele Fragen des rechten Verhaltens offen. Darum nahmen sich die Nachgeborenen ergänzend die Urgemeinde zum Vorbild, allen voran den Propheten, seine Frauen und engsten Gefährten. Noch heute ist es besonders eifrigen Aktivisten ein Bedürfnis, Mu-

»Ihr habt im Gesandten Gottes ein schönes Vorbild für alle, die auf Gott und den Jüngsten Tag hoffen und Gottes viel gedenken.« (Q 33:21)

hammads Beispiel bis in kleinste Einzelheiten etwa der Barttracht und des Gewands nachzuahmen. Das Bemühen um Nachfolge hat den Propheten nicht vergottet. Doch verbreitete sich die Auffassung, dass Muhammad ein in jeder Hinsicht »vollkommener Mensch« – Frommer, Freund, Gatte, Richter, Kämpfer usf. – gewesen sei. Dem gilt es, durch Selbstvervollkommnung nachzueifern.

Der idealisierte Prophet

Gott selbst mahnte seinen Gesandten zur Bescheidenheit: »Sprich: ›Ich bin nur ein Mensch wie ihr!‹« (Q 18:110) Die Verehrung der Gläubigen hob davon unbeeindruckt alles hervor, was Muhammad von gewöhnlichen Menschen unterschied. Zu den beliebtesten Teilen der Prophetenvita gehören Berichte über die Herzenswäsche, die zwei Engel an dem Hirtenjungen Muhammad vorgenommen haben sollen, der daher gegen das ausdrückliche Zeugnis des Koran (Q 48:2) als sündlos gilt; über die Begegnung mit dem Mönch Bahîra, der zwischen seinen Schulterblättern das »Siegel des Prophetentums« erblickt haben soll; und über seine Nacht- und Himmelsreise auf dem geflügelten Reittier Burâq nach Jerusalem und hinauf bis in den siebten Himmel, zu Gott. Manche Gelehrte blieben skeptisch; schließlich verweigerte die Offenbarung die geforderten Beglaubigungswunder mit der Feststellung, Muhammad sei nicht mehr als ein Mensch und Gesandter (Q 17:90–93). Dennoch wird die Nacht der Himmelfahrt festlich begangen. Die sufische Lehre vom prophetischen Licht und vollkommenen Menschen hat die Verehrung Muhammads vergeistigt und seinen Rang weiter erhöht; am Ende trennt ihn im Wortspiel nur noch ein Buchstabe von seinem Schöpfer… Handfester verehrt das Volk seinen über alles geliebten Führer in Reliquien wie dem Mantel, Fußabdruck und Barthaar des Propheten im Topkapi-Palast. Man feiert seinen Geburtstag mit Umzügen und preist ihn in Lobgedichten; berühmt ist bis heute die *Burda* al-Busîrîs aus dem 13. Jahrhundert. Und natürlich soll der Name Muhammads, also des »Gepriesenen«, in allen seinen Abwandlungen – Ahmad, Mahmûd, Mehmet – den nach ihm Benannten Segen bringen.

Al-Busîrî, ein ägyptischer Beamter, war lange Zeit halbseitig gelähmt. Eines Nachts träumte er, der Prophet Muhammad breite seinen Mantel (Burda) über ihn aus. Am nächsten Morgen hatte er seine volle Bewegungsfähigkeit wieder erlangt. Als Dank dafür verfasste er die »Mantel-Ode« (Qasîda al-Burda).

Erstaunlicher als das spätere Bemühen um Idealisierung ist, wie sehr gerade frühe Quellen Rückschlüsse auf die historische Persönlichkeit zulassen. Mit Muhammad beginnt die Epoche der religiösen Reformer, deren Leben und sogar Charakter wir zumindest in Umrissen beschreiben können. Das unterscheidet ihn von antiken Propheten wie Moses und Jesus und verbindet ihn mit modernen Reformatoren wie Luther oder Calvin, auch wenn ihn ein von den Prämissen der Bibelkritik geprägter Revisionismus gern ins Legendäre entrücken würde. So wissen wir, anders als bei Jesus, auch über die familiären Verhältnisse Bescheid, die vierundzwanzigjährige Ehe mit der älteren Witwe Chadîdscha und, nach ihrem Tod, die zwölf arrangierten politischen Ehen mit Witwen sowie die Ehe mit der bis dahin unverheirateten jüngeren Aischa, seiner Lieblingsfrau. Die späteren Ehen blieben kinderlos, mit Chadîdscha hatte Muhammad vier Töchter und zwei jung verstorbene Söhne. Die aus der Ehe seiner Tochter Fatima hervorgegangenen Nachfahren werden von den Schiiten als Familie des Propheten verehrt.

»Es fehlt an Korankritik«

Die Offenbarung: Gottes Rede und deren Deutung

Gelehrte Geister vermissen mitunter eine der protestantischen Bibelkritik vergleichbare Korankritik. Tatsächlich ist die historische Erforschung des Koran in der islamischen Welt bislang eher die Sache von Außenseitern. Eine gewichtige Ausnahme bildet die Türkei: Hier ist Korankritik eine Disziplin des theologischen Mainstreams.

Reflexion und Heilige Schrift

Doch wie stark beeinträchtigt der beklagte Mangel das Glaubens- und Weltverständnis der Muslime überhaupt? Müssen mit Korankritik unvertraute Muslime die Evolutionslehre wie bibeltreue Christen bekämpfen, weil der koranische Schöpfungsbericht andere Worte wählt? Sind sie zu dumpfer, jeder menschlichen Deutungsanstrengung abholder Buchstabenfrömmigkeit verurteilt, weil sie glauben, dass der Koran das unverfälschte Wort Gottes sei? Umfragen zeigen, dass die Mehrheit auch ohne die Segnungen einer historisch-kritischen Koranausgabe anders denkt. So finden 92 Prozent der indonesischen Muslime, dass die in Heiligen Texten gesammelten Botschaften Gottes einen *menschlichen Anteil* enthalten; 58 Prozent fordern, dass der Koran gemäß den Bedürfnissen und Bedingungen *unserer* Zeit zu *deuten* ist; und 66 Prozent denken, dass *Wissen* eher durch *menschliche Vernunft* auf

Grundlage *empirischer Daten* zustande kommt als durch Wahrheiten, die Gott nur wenigen offenbarte. Es gibt also ein verbreitetes – und von konservativen Strömungen bekämpftes – Bedürfnis nach einem reflektierten Umgang mit der Heiligen Schrift.

Entstehung des Koran

Der Koran ist der Form nach unmittelbarer als die biblischen Evangelien Offenbarung: Hier berichten nicht vom Heiligen Geist inspirierte Menschen über Gottes Sohn, hier spricht, oft als »Ich« und »Wir«, Gott selbst die Menschen an. Dabei gab nach Q 2:97 der Erzengel Gabriel dem Propheten das Wort Gottes ein und forderte ihn zu dessen Vortrag auf, zum *qur'ân*: »Trag vor im Namen Deines Herrn!« (Q 96:1). Die auch Christen vertraute Wunschvorstellung eines wörtlich inspirierten Textes wird auf die Spitze getrieben: Gern hätte Gott den genauen Wortlaut des Vorgetragenen von der Sammlung der Bruchstücke über die Vortragsweise bis hin zur Erklärung kontrolliert. Doch wurde die Sammlung der über zwei Jahrzehnte hinweg herabgesandten Einzeloffenbarungen und deren Zusammenstellung zu einem verbindlichen Textkorpus erst 18 Jahre nach Tod des Propheten um 650/29 auf Geheiß des dritten Kalifen 'Uthmân vollendet; so die islamischen Quellen. Die durch ihn autorisierte Endfassung des Koran ist also fehlbares Menschenwerk, und auch die Er-

»Bewege deine Zunge nicht mit ihm, damit du dich mit ihm nicht übereilst! An uns ist nämlich seine Sammlung und sein Vortrag, und wenn wir ihn vorgetragen, dann folge du dem Vortrag! Dann ist's an uns, ihn zu erklären.« (Q 75:16–19)

klärung dunkler Stellen bleibt seit Versiegen der Offenbarung allein Menschen überlassen.

Nach kunsthistorischer und naturwissenschaftlicher Datierung von Fragmenten lagen die ersten Ganzschriften des Koran spätestens gegen 690/70 vor. Der koranische Kanon bildete sich also in zwei bis sechs Jahrzehnten und damit mindestens so schnell wie der Kanon der vier Evangelien nach dem Tod Jesu heraus. Der jüdische Tanach-Kanon reifte dagegen bald ein Jahrtausend. Gemessen an den 24 Büchern der Hebräischen Bibel – Tora, Propheten, Psalmen – und den 27 Büchern des Neuen Testaments – Evangelien, Briefen, Offenbarung – erscheint der Koran wie aus einem Guss. Doch der erste Eindruck täuscht: Auch der Koran kennt unterschiedliche Textgattungen vom Gebet über das Gleichnis bis zum Gesetz, sie gehen jedoch in der übergeordneten Surenform auf. Die Sure ist die größte Texteinheit im Koran, der einzelne Vers die kleinste. Insgesamt umfasst der Koran 114 Suren gleich Offenbarungen von unterschiedlicher Länge – die kürzeste Sure zählt nur drei, die längste ganze 286 Verse. Die ersten Herausgeber haben die Suren ungefähr nach abfallender Größe geordnet, die längsten Suren stehen also am Anfang der Heiligen Schrift. Es handelt sich aber weder um besonders frühe Offenbarungen, im Gegenteil, noch um die ersten Kapitel eines größeren Ganzen. Vielmehr bietet jede Sure einen abgeschlossenen Vortragstext, die Lektüre des Koran kann daher überall beginnen.

Die Form des Koran

Die Suren Eine Sure hat meist mehrere Teile und Themen. Frühe Suren sind mitunter kunstvoll gebaut, spätere reihen die einzelnen Teile nur locker aneinander. Jede Sure trägt einen Namen und beginnt mit der Anrufung Gottes, der Basmala, mit der betont fromme Muslime noch heute Reden, Briefe und mehr einleiten: »Im Namen Gottes, des barmherzigen Erbarmers!« Schon bald haben die muslimischen Gelehrten nach mekkanischen und medinensischen Offenbarungen unterschieden und festgestellt, dass in Mekka Predigten über Gottes All- und Schöpfungsmacht, das Jüngste Gericht, frühere Gesandte und Strafgerichte vorherrschen, während sich in Medina gesetzgeberische Verse häufen. Der Stil der Verkündigungen wandelt sich entsprechend: Die frühen Suren sind kurz und poetisch, die späten lang und prosaisch, an die Stelle des Reimes treten bloße Assonanzen.

Die Basmala: »Bismillâhi r-rahmâni r-rahîm!«

Die Sprache des Koran Die außergewöhnliche Sprachmacht und Klangschönheit des Koran kann nur erfahren, wer ihn auf Arabisch vorgetragen hört: Das Wort Gottes ist im Grunde Musik und wird wie die Weden oder die Hebräische Bibel gesungen, sei es schlicht rezitiert wie die Eröffnungssure und das kurze Bekenntnis von Sure 122 im Gottesdienst beim Gebet, sei es melodisch stark ausgeschmückt wie bei Aufführungen durch professionelle Koransänger. Die meisten Übersetzungen berauben den Koran seines Redeschmucks und führen darum in die Irre. Der fühlbare Mangel verdeutlicht, warum anderssprachige Versionen unkundigen Gläubigen das arabische Original aus muslimischer Sicht nur näher bringen, es liturgisch aber keineswegs ersetzen können. Muslimen gilt die göttliche Redekunst als unübertrefflich. Für sie ist die Unnachahmlichkeit des Koran das eigentliche und streng genommen einzige Wunder, das die Sendung Muhammads beglaubigt; so verstand sich schon die Offenbarung: »Selbst wenn sich Menschen und Dschinnen vereinten, brächten sie nichts dem Koran gleiches hervor!« (Q 17:89)

Rund 6200 Verse, arabisch *âyât,* zählt der Koran; das Wort meint ursprünglich Zeichen, nämlich beweiskräftige Wunder Gottes. Besonders beliebt sind der sufisch gedeutete Lichtvers und der Fürsprecher gestattende Thronvers (Q 24:35, 2:255). Beide geben der von Heiligenverehrung geprägten Volksfrömmigkeit Nahrung und finden wie andere Segen (*baraka*) bringende Verse vielfältig Verwendung. Der Koran im Ganzen möchte den Menschen an Gott erinnern, zum Gehorsam anhalten und rechtleiten. Er bietet aber weit mehr als das. So spiegeln sich in der gesandten Ansprache immer auch die Debatten eines Predigers mit seiner Gemeinde und seinen Gegnern.

»Dies ist die Schrift, an der nicht zu zweifeln ist, eine Rechtleitung (*hudan*) für die Gottesfürchtigen.« (Q 2:1)

Die Überlieferung

Wie ist dieses Wort Gottes heute, fast 1500 Jahre nach seiner Offenbarung, zu verstehen? Das ist es, was viele Muslime umtreibt und entzweit. Wenn man im Koran allein strenge Rechtleitung sucht, kann man der Frage ausweichen. Dann lautet die Antwort: Wortwörtlich! Denn es gebe nichts zu deuteln, es gelte der Buchstabe des Gesetzes, das schlicht anzuwenden sei. Dieser autoritäre Buchstabenglaube kennzeichnet das erzkonservative Islamverständnis der saudischen Wahhabiten, das seit den 1970ern mit Petrodollarmilliarden über die ganze Welt verbreitet wurde. Allerdings hatte sich schon früh in der Geschichte des Glaubens weithin eine Auffassung vom Wesen des Koran durchgesetzt, die solch grobem Literalismus zumindest Vorschub leistet. So gilt die von 'Uthmân kanonisierte Fassung des Koran als Abschrift einer himmlischen Urschrift – als hätten die Sammler der Offenbarungen gewiss nichts vergessen, versehentlich hinzugefügt oder verändert! Dabei erklärte schon ein frommer Zeitgenosse rundheraus: »Viel vom Koran ist verschwunden.« Und die Überlieferung weiß sehr wohl, dass die ersten Koranrezitatoren den Text oft *dem Sinn nach* – und nicht wortwörtlich – vortrugen und weitergaben! Der uns überlieferte Wortlaut ist kein Mitschnitt der Offenbarung, sondern eine Annäherung. Das macht ihn keineswegs zum reinen Menschenwerk und schon gar nicht zu einer Erfindung späterer Generationen; aber es mahnt zur Vorsicht.

Geschaffen oder ungeschaffen

Es gab durchaus Gelehrte, die »Gottes Rede« – so die dogmatisierte Formel der Theologen nach einer koranischen Wendung – mit Vernunft ergründen und darum manches widersinnige Wort bildlich verstanden wissen wollten (Q 9:6). Zu erbittertem Streit führte die Frage, ob der Koran geschaffen oder ungeschaffen sei. Geschaffen, sagten die Vernunftgläubigen, um Gott nicht zu vermenschlichen; denn Gott »redet« nicht wie wir! Leider versuchte um 833/218 ein Kalif, diese Lehre unter den Gelehrten wie ein Papst durch Inquisition und Folter zu verbreiten. Darauf siegten zumindest im sunnitischen Mainstream die vernunftskeptischen Anhänger tradierten Wissens und Gegner zentraler Lehrautorität. Ihr schriftgläubiger Standpunkt: Man nehme den Text beim Wort und frage besser nicht, warum! Damit waren die Weichen gestellt: Die Koranauslegung favorisierte Kommentare, die den Wortsinn erklären und allzu tiefschürfender Ausdeutung misstrauen. Allgemein galt bei der Suche nach religiösem Wissen künftig Offenbarung mehr als spekulative menschliche Vernunft. Gleichwohl florierte die hintersinnige Ausdeutung – im sunnitischen Islam da, wo er den Eindeutigkeitsdrang moralisch-juristischer Diskurse hinter sich lässt, nämlich in der Mystik, und ohnehin im schiitischen Islam, der vernunftgläubig blieb und allen Grund hatte, sein Anderssein mit einer anderen Lesart zu begründen.

»*Wie* und *warum*, das fragt man nicht! Theologie, religiöse Polemik, Disputation und Argumentation sind Neuerungen, die Zweifel im Herzen säen«, so der Hanbalit Barbahârî (st. 941/329).

60 Deutungen gebe es für jeden Koranvers, so der große Mystiker al-Ghazâlî (st. 1111/505); ein anderer: 60000. Der erste Imam der Schiiten, Muhammads Schwiegersohn Ali: »Wenn ich wollte, könnte ich 70 Kamele allein mit Deutungen der Eröffnungssure beladen.«

Die Frage nach dem rechten Verständnis Heiliger Schriften spitzt sich zu, wenn die Zeit vergeht und der Schauplatz wechselt. Denn nun macht sich bemerkbar, wie sehr die Offenbarung auf damalige und nicht etwa heutige Verhältnisse zugeschnitten war. Dieser Orts- und Zeitbezug stellt den Anspruch auf zeitlose und weltweite Geltung in Frage: Gottes für ungeschaffen erklärtes Wort soll ewig gelten, doch sein auf den üppigen Beitrag von Nichtmuslimen ausgelegtes Steuermodell hätte dank deren Bekehrungsfreude die Umma fast ruiniert und machte bald nichtkoranische Steuern erforderlich. Wie aber kann dann der Gläubige Gottes Botschaft treu bleiben im Wandel der Zeiten, zumal wenn Gesetze den Weg zum Heil weisen? Wer auf den Buchstaben schwört, diese Einsicht tut Not, verrät ihren Geist. Denn es bedarf einer Anstrengung der Vernunft, um sie mit Blick auf die heutigen Verhältnisse recht zu deuten. Nachdenkliche Muslime wie der türkische Theologe Mehmet Pacaci fragen darum nach den Grundsätzen hinter den fallbezogenen Anweisungen im Koran; nur sie können heute angewendet werden. Das Verstehen über den Abgrund der Geschichte hinweg ist für ihn eine hohe Kunst. Wer darauf pocht, dass sich die vor eineinhalb Jahrtausenden offenbarte Schrift von selbst verstehe, missbraucht in Wahrheit Gottes Wort.

»Die Scharia gehört abgeschafft«

Der Heilsweg: Gottes Recht und dessen Fortbildung

Der Koran – Gesetzbuch Gottes?

Kann man im Koran nachschlagen wie in einem Gesetzbuch? Manche Muslime tun es – und manche Nichtmuslime tun es ihnen nach. Als könne man einzelne Verse nach Belieben herauspicken und ohne Bedenken in die Tat umsetzen – zum Beispiel den blutrünstigen »Schwertvers«. Gelehrte wissen, dass dieser Vers (Q 9:5) durch einen nachgestellten Vers (Q 9:29) für Juden und Christen abgemildert und durch den »Kein-Zwang-Vers« in Frage gestellt wird. Dennoch rufen scheingelehrte Dschihadisten wie Bin Laden mit diesem Vers zum Heiligen Krieg gegen »Juden und Kreuzritter« auf, als sei er Gottes letztes Wort in Sachen Krieg und Frieden.

Beginn der Gründungserklärung der Internationalen Islamischen Front für den Dschihad gegen Juden und Kreuzzügler, 23. Februar 1998: »Gelobt sei Gott, der den Heiligen Koran enthüllte, die Wolken beherrscht, die Parteien besiegt und in seinem Buch gesagt hat: ›Wenn die heiligen Monate abgelaufen sind, dann tötet die Polytheisten, wo ihr sie findet, ergreift sie, belagert sie und lauert ihnen überall auf.‹« Die Fortsetzung dieses Verses Q 9:5 »Bereuen sie aber ...« wird unterschlagen.

Nicht minder treten radikale Islamisten die Gelehrsamkeit mit Füßen, wenn sie das Handabhacken für Diebstahlsdelikte zum entscheidenden Merkmal wahrhaft islamischer Staaten erklären; mit gutem Grund hatten die Rechtsschulen das Beweisen im Strafrecht durch die Forderung nach mindestens zwei Augenzeugen oder einem – jederzeit widerrufbaren – Geständnis so erschwert, dass es selten zum Äußersten kam. Kurz und gut, der Koran ist keineswegs schon das Gesetz und auch keine Verfassung, wie manche Muslimbrüder glauben; das ist nur Propaganda für unbedarfte Laien. Der Koran ist vielmehr eine *Quelle* des islamischen Rechts, das von den Gelehrten erst *erschlossen* werden muss.

Ein Motto der Muslimbrüder lautet: »Gott ist unser Ziel. Der Prophet unser Vorbild. Der Koran ist unsere Verfassung. Der Dschihad unser Weg. Auf Gottes Weg zu sterben ist unsere höchste Hoffnung.«

Die Sunna – die zweite Quelle des Rechts

Das wenigste davon gründet auf den höchstens 500 Ge- und Verbotsversen gleich fallbezogenen Entscheidungen des zwölffach größeren Koran. Weit mehr verdankt sich der zweiten Quelle, die als Erklärung und Entfaltung des dort von Gott Geforderten gedeutet wird: der *Sunna* des Propheten. Darunter versteht man seine Weisungen und seinen Brauch, also das Vorbild des Propheten: »Ihr habt im Gesandten Gottes ein schönes Vorbild!« (Q 33:21). Textgrundlage sind hier zehntausende mehr oder weniger vertrauenswürdige Berichte über Worte und Taten Muhammads: die Überlieferung, der *Hadith*. Reformer wie der türkische Religionsminister Ali Bardakoglu lassen den Kanon der als echt akzeptierten Hadithe mit gutem Grund kritisch auf z. B. frauenfeindliche Fälschungen hin durchforsten. Puritaner tasten den Kanon nur an, um unliebsame »Neuerungen« wie das Sufitum abzuwehren. Vor der Einsicht, dass Muhammad als fehlbarer Mensch (Q 48:2) nicht den Rang eines »lebenden Koran« gleich unfehlbaren Vorbilds beanspruchen kann, schrecken die meisten Gelehrten noch zurück.

Ein Beispiel für besonders fragwürdige Hadithe: Der Koran sieht für Abfall vom Glauben nur eine Jenseitsstrafe vor. Die meisten Gelehrten aber beriefen sich auf den Bericht eines einzigen, als unzuverlässig gescholtenen Zeugen, um dennoch die Todesstrafe zu verhängen; eben das kritisieren Reformer.

Spielregeln der Rechtsfindung

Wie nun aus diesen beiden Quellen von Offenbarungswahrheiten durch eine Anstrengung der Vernunft Recht zu erschließen sei, erfordert Spielregeln. Die Ausbildung eines entsprechenden Regelwerks war das Werk von Gelehrten in den ersten drei Jahrhunderten nach Muhammads Tod. Die Rechtsquellenlehre ist mithin fehlbares und revidierbares Menschenwerk. Die Anwendung des Regelwerks im konkreten Fall erzielt keinen Kodex, sondern vorbildliche Lösungen. Die Rechtsprechung orientierte sich darum wie im anglo-amerikanischen Fallrecht über Jahrhunderte an einer wachsenden Zahl von Präzedenzfällen. Erst spät kam es zu einer Kodifizierung von Teilen des islamischen Rechts durch den Staat nach römisch-europäischem Muster, nämlich im Bürgerlichen Gesetzbuch des Osmanischen Reichs, der Medschelle von 1876/1293. Schon 1850 begann dort aber auch die Übernahme europäischen Rechts. 1926 wurde die Medschelle in der Türkischen Republik durch das Bürgerliche Gesetzbuch der Schweiz abgelöst und alles religiöse Recht abgeschafft.

Seither ist in Staaten der islamischen Welt sehr verschieden, in welchem Umfang islamrechtliche Normen, seien sie nun kodifiziert oder nicht, noch oder wieder gelten. Als Faustregel dient, dass vor allem das *Familienrecht*, also das Ehe-, Scheidungs- und Erbrecht, bis heute in fast allen Ländern islamisch geprägt ist, während das übrige Zivil- und Handelsrecht französischer Herkunft ist und das anstößige islamische *Strafrecht* im Wesentlichen nur noch in Saudi-Arabien und leider im Zuge der Machtübernahme von Islamisten im Sudan, Iran und Pakistan wieder zur Anwendung kommt. Davon abgesehen gilt natürlich überall und ohne Zutun des Staats das eigentliche Herzstück der Scharia: die fünf Glaubensübungen oder »Säulen der Religion«, nämlich das Glaubensbekenntnis, das tägliche Gebet, das Fasten im Ramadan, das Almosen und die Wallfahrt nach Mekka. Gottesdienstliche Pflichten sprengen allerdings den hier üblichen Begriff von Recht. So kommt es, dass die Scharia im Westen allein von ihren fragwürdigen

Die fünf Säulen der Religion

Bestandteilen her beurteilt wird und vom Wichtigsten, dem unbedenklichen Kultus, unter diesem Stichwort nie die Rede ist.

Renaissance der Scharia?

Wo immer islamisch geprägtes Familienrecht noch gilt, werden Frauen rechtlich diskriminiert. Mit gutem Grund kämpfen daher Frauen- und Menschenrechtler darum, dieses Recht *abzuschaffen* oder zumindest gründlich zu reformieren. Auf der anderen Seite fordern zumindest klassische Islamisten nichts nachdrücklicher, als das islamische Recht insgesamt *wiederzubeleben*: Die Scharia soll die Hauptquelle der staatlichen Gesetzgebung sein. Welcher Natur ist die Scharia, die von manchen Gläubigen ungeprüft als Willen Gottes verehrt und von vielen Islamkritikern verabscheut wird?

Gesetzesfrömmigkeit

»Scharia« heißt ursprünglich Heilsweg. Gott weist den Weg zum Heil durch sein *Gesetz* – die Offenbarung der Zehn Gebote am Sinai ist eine Schlüsselszene des abrahamitischen Monotheismus. Wer seine Gebote befolgt, verdient sich das ewige Leben im Jenseits. Das Christentum schürte durch den Erlöser die Hoffnung auf leichter verdientes Heil und pries die »Liebe als Erfüllung des Gesetzes« (Röm 13,8). In der heute vorherrschenden, protestantisch gefärbten Light-Version ist die Erinnerung an die noch von Luther gepredigte Verpflichtung durch den Dekalog vorerst getilgt. Als wahlverwandt im Geiste schätzt man darum besonders solche Formen des Islam, die der Scharia abgeschworen haben, so das Alevitentum. Höchst befremdlich wirkt dagegen, auch auf Kulturmuslime, die als anachronistisch empfundene Gesetzesfrömmigkeit von jüdischen Schläfenlockenträgern und muslimischen Kopftuchträgerinnen. Der weltweite Erfolg islamischer Erweckungsbewegungen macht sichtbar, dass ein Teil der Muslime der göttlichen Rechtleitung im Alltag nicht entraten will. Muslimen diesen Typs scheint es unbedingt erforderlich, bis ins kleinste Detail zu wissen, was ihnen von Gott erlaubt (*halâl*) und verboten (*harâm*) sei – schließlich hänge ihr Seelenheil davon ab. Sie lesen darum Bücher prominenter Rechtsgelehrter über »Das Erlaubte und das Verbotene im Islam« und bitten sie in ungeklärten Fällen um ein Rechtsgutachten, eine so genannte Fatwa – wobei die Wahl bei gewitzten Bittstellern auf einen kongenialen Ratgeber fällt.

Die Entfaltung des Gesetzes

Nicht die radikalisierende Vereinfachung des Gesetzes (Mt 5,17 ff.), sondern seine fortgesetzte Entfaltung kennzeichnet Judentum und Islam. Die Offenbarung hat ja nicht schon jeden möglichen Rechtsfall mit einem Vers entschieden. Dennoch sehnten sich Gläubige nach allumfassender göttlicher Rechtleitung, wie sie der Koran verspricht. Diese Sehnsucht erhielt einen Namen, der das Versprochene als schon gesetztes und nur mehr zu entdeckendes Regelwerk denkt: als *Scharia*. Fürs Aufdecken zuständig ist die Rechtswissenschaft, der *Fiqh*; sie vermehrt das Wissen darüber, was Gott will. Auch hier gilt, nicht anders als beim Koran: Gott

»Wir haben im Buch nichts übergangen.« (Q 6:38)

zu verstehen ist eine hohe Kunst. Das Recht der Juristen ist darum nur eine Annäherung an das göttliche Recht. Die Gesamtheit der Entdeckungsverfahren, vom Erläutern und Übereinstimmen der Gelehrten über das Schließen auf ähnliche Fälle bis hin zu Erwägungen des Gemeinwohls und des Angemessenen, gilt als *Idschtihâd* gleich *Anstrengung* der Vernunft.

Als Muhammad Mu'âdh zum Herrscher des Jemen ernannte, soll er ihn gefragt haben: »Wie wirst du urteilen?« – »Nach dem Buch Gottes!« – »Aber wenn das Buch Gottes nichts enthält, was dich leiten könnte?« – »Dann werde ich mich nach dem Vorbild (Brauch) seines Gesandten richten.« – »Aber wenn du da nichts findest?« – »Dann werde ich mich anstrengen, zu einem eigenen Urteil zu kommen!«

Die Ulema und die Rechtsschulen

Idschtihâd ist mithin ein Kürzel für Rechtsfindung und Rechtsfortbildung. Befugt sind dazu aus Sicht der Gelehrten allein sie selbst: Die Ulema wollen wie alle Experten ihre Deutungsmacht nicht mit Laien teilen. Sie sind Autorität durch ihr Wissen, das Wege zum Heil weist, nie aber Gnadenspender wie zum Priester geweihte Geistliche. Einig sind sie sich wie alle Wissenschaftler allenfalls in bestimmten Schulen. Diese über die Jahrhunderte entstandenen Rechtsschulen unterscheiden sich danach, wie weit oder eng sie den Spielraum der auslegenden Vernunft gegenüber den grundlegenden Texten, nämlich Koran und Sunna als Hauptquellen des Rechts, methodisch fassen. So verfahren die im türkischen Sprachraum verbreiteten Hanafiten bei der Rechtsfindung vergleichsweise liberal, die textfixierten Hanbaliten auf der Arabischen Halbinsel hingegen möglichst streng gleich konservativ. Puritaner ziehen gegen das ausdrückliche Vorbild Gottes – »Gott will euch Erleichterung gewähren!« (Q 4:27) – Verbote und deren Verschärfung vor. Die wissenschaftlich unvermeidliche Meinungs- und damit Rechtsvielfalt gilt herkömmlich als Gnade. Heute hingegen propagieren viele Verfechter einer Rückkehr zum »wahren« Islam eine Vereinheitlichung des Rechts, die in der unsäglichen Formel »Der Islam sagt ...« gipfelt.

Grenzen des Idschtihâd

Gegner einer Ausrichtung der staatlichen Gesetzgebung an der Scharia sind in aller Regel der Auffassung, dass das islamische Recht in vielen Punkten überholt und nicht reformierbar sei. Die Befürworter einer verstärkten Ausrichtung entgegnen meist, dass Rechtsfortbildung durch Idschtihâd hinreichend Anpassung an die Erfordernisse der Gegenwart gewährleiste. Sie verschweigen dabei allerdings den entscheidenden Punkt: Die traditionelle Rechtsquellenlehre erlaubt keine Rechtsfortbildung, wenn im Koran oder Hadith ein vermeintlich *eindeutiger* Gebotstext vorliegt: *lâ idschtihâd ma'a nass!* Als eindeutig gelten buchstabengläubigen Gelehrten aber unter anderem die Koranverse Q 4:11 zum Frauen benachteiligenden Erbrecht und Q 24:2 zum Auspeitschen für Unzucht, um nur zwei entsprechend anstößige Idschtihâd-resistente Texte zu nennen. Eine hinreichende Schariareform ist daher nur möglich, wenn zuvor die Rechtsmethodik verbessert wird. Möglich ist das – schließlich ist sie fehlbares Menschenwerk. Entsprechende Vorstöße haben bislang vor allem Laien unternommen; die Beratungsresistenz vieler Juristen zwingt sie dazu. Und natürlich der gewaltige zeitliche Abstand zur Heilsbotschaft: Denn die zunächst zweckmäßige Orientierung am Vorbild des Propheten verkehrt sich durch Buchstabengläubigkeit im Lauf der Zeit in sklavische Nachahmung historisch zufälliger Details wie der Kleidung des Propheten – eine Selbstentmündigung.

Gesetz und Gesellschaft

Umstritten ist aber nicht nur, wie das Gesetz Gottes fortzubilden sei. Entscheidend ist die Frage, welche Rolle es künftig in mehrheitlich muslimischen Gemeinwesen zu spielen hätte. Im wahrhaft islamischen Staat müsse göttliches und nicht menschliches Recht gelten, so die Hardliner unter den Islamisten. Auch eine gesetzgebende Gewalt wie das Parlament bliebe darum immer an sein Gesetz gebunden. Diese Auffassung ist dem Christentum keineswegs fremd: Noch heute lehrt die katholische Kirche die »Vor- und Überordnung« des ewigen Jus divinum über »alles sonstige, rein menschliche« und vergängliche Recht und läuft darum gegen das Abtreibungsrecht Sturm.

Liberale Muslime lehnen jede Bevormundung der gesetzgebenden Gewalt durch Sachwalter des göttlichen Heilswegs wie die Ulema ab. Die Scharia ist für sie moralisches oder Sittengesetz, dem das verantwortliche Individuum aus freien Stücken folgt. Sie ist nicht schon staatliches, nämlich vom Staat zu erzwingendes Gesetz. Die hier vertretene Trennung von Staat und Religion lässt allerdings Raum für Politik auf Grundlage islamischer Werte, wie sie konservativen Muslimen am Herzen liegt. Der Teilhabe religiöser Akteure am öffentlichen Leben bis hin zur Gesetzgebung steht also nichts im Weg.

»Die Muslime trachten nach Führung«

Die Heilsgeschichte: Macht, Verzweigung und Erneuerung

Die Umma – die beste Gemeinschaft?

Manche Muslime sehnen den Tag herbei, an dem die Gemeinschaft der Gläubigen in Führung geht wie einst, als arabische Kalifen und später osmanische Sultane über mächtige Großreiche herrschten. Vor allem wiedergeborene Muslime glauben sich von Gott dazu auserkoren, der ganzen Welt den Weg zum Heil zu weisen. Sure 3, Vers 110 verstehen sie so: »Ihr seid die beste Gemeinschaft (*khair umma*), hervorgebracht zum Wohle der Menschheit.« Solch heilsgeschichtlich inspiriertes Sendungsbewusstsein ist nichts Ungewöhnliches. Fromme US-Amerikaner glauben dank ihrer puritanischen Wurzeln bis heute an Amerikas »Manifest Destiny« und seine besondere Freiheitsmission in der Welt. »America stands alone as the world's indispensable nation«, so Präsident Clinton 1997 in seiner Antrittsrede. Zwar kann auch eine Weltmacht scheitern wie nun die USA bei der gewaltsamen Demokratisierung des Irak. Aber das ist kein Trost für jene muslimischen Nationen, deren Entwicklung bisher hinter ihren Möglichkeiten zurückblieb. So kommt der Arab Human Development Report der Vereinten Nationen zu einem enttäuschenden Ergebnis. Der Befund schmerzt doppelt, wenn man ihn im Licht des koranischen Führungsanspruchs als weiteres Beispiel für den »Niedergang des Islam« seit dem Verlust seiner einstigen Vormacht heilsgeschichtlich deutet und eine »Krise von kosmischem Ausmaß« diagnostiziert.

Das ist sehr überspitzt. Aber eines ist richtig: Die Verweltlichung muslimischer Gesellschaften durch Modernisierung nach westlichem Vorbild hat die Vormacht des Islam im *eigenen* Haus stark beschnitten. Nun herrscht Streit, ob sich der Selbstentwurf wieder stärker an islamischen oder unvermindert an westlichen Anregungen ausrichten sollte. Die schwierige Abwägung steigert sich zum unversöhnlichen Gegensatz, wo entweder *der Westen schlechthin* – so puritanische Islamisten – oder spiegelbildlich *der Islam selbst* – so radikale Islamkritiker vor allem im Westen – als das Problem gilt, das nur durch eine regelrechte Teufelsaustreibung beseitigt werden kann. Tragfähige Antworten sind nur zu erwarten, wo ohne Scheuklappen um das rechte Islam- und West*verständnis* gestritten wird – und Meinungsverschiedenheiten nicht als Gefahr, sondern als Chance für Erkenntnisfortschritte begriffen werden.

Die Nachfolge des Propheten

Streit um die Auslegung der Heilsbotschaft ist nichts Neues in der Geschichte des Islam, im Gegenteil. Nach dem Tod des Gesandten vergingen nur wenige Jahre, bis der Kampf um die Führung die muslimische Umma blutig entzweite. Die Anhänger Alis, des Vetters des Propheten und Vaters seiner Enkel, beriefen sich auf ein Wort Muhammads kurz vor seinem Tod: »Wessen Herr ich bin, dessen Herr ist auch Ali!«

Muhammad selbst habe also Ali zu seinem Nachfolger gleich Kalifen bestimmt und darüber hinaus seine Nachkommen, die »Familie des Hauses« (Q 33:33; 42:23), zur Führung auserkoren: Die dazu erforderliche göttliche Eingebung *vererbe* sich.

Spaltung: Sunna und Schia

Die meisten Muslime folgten dieser Deutung nicht. Die wichtigsten Führer entschieden die Nachfolge lieber in einer Ratsversammlung (*schûra*) durch Wahl und Akklamation eines besonders verdienten Gefährten Muhammads aus dem Stamm der Quraisch. Heutige Verfechter der Demokratie in der islamischen Welt können sich auf ihr Beispiel berufen wie der Westen auf das Vorrecht Sklaven haltender Bürger in Athen. Drei Mal zog Ali bei der Nachfolge den Kürzeren, gegen Abû Bakr, 'Umar und 'Uthmân, bevor er 656/35 endlich zum Kalifen gewählt wurde. Seine Gegner griffen zu den Waffen, es kam zum Bürgerkrieg, bei dem die Partei Alis – *schî'at 'Alî*, kurz Schia – unterlag. Dass die Gemeinschaft der Muslime sich selbst zerfleischte, wurde auch von den Siegern als großes Unheil und Heimsuchung (*fitna*) Gottes begriffen. Umso weniger Grund gibt es, ihrer späteren Selbststilisierung zur Gemeinde der Rechtgläubigen auf Kosten der angeblich »abtrünnigen« Schiiten zuzustimmen: Den Bürgerkrieg hatten schließlich aufständische Gegner des gewählten Kalifen angezettelt – und damit die von Gott zunächst erhoffte Einheit der auslegenden Gemeinschaft

»Seid nicht wie jene, die sich spalteten und uneins wurden, nachdem ihnen deutliche Zeichen zuteil wurden.« (Q 3:105)

(*dschamâ'a*) gespalten. Fürderhin ging die Mehrheit der Sunniten auf zwei Arten mit der innermuslimischen Deutungsvielfalt um: Untereinander erkannten die »Leute der Tradition (*sunna*) und Gemeinschaft« abweichende Rechtsmeinungen gleich Rechtsschulen an, die stärker abweichende Minderheit der Schiiten aber wurde unterdrückt. Bis heute mahnt ihr Dasein sunnitische Eiferer an das Schlimmste, was der Gemeinschaft der Muslime widerfahren kann: Aufruhr, Bürgerkrieg und Zerfall, mit einem Wort: Fitna. Die streng antischiitischen Wahhabiten hätten die schiitische Minderheit Saudi-Arabiens als vermeintlich »Ungläubige« am liebsten zwangsbekehrt oder vertrieben. Verhasster als Juden und Christen sind sie manchen Radikalen. Ihre Diskriminierung dauert an.

Der Einfluss der Ulema

Zum frühen Wendepunkt der schiitischen Leidensgeschichte wurde 680/61 das Massaker von Kerbela im Irak, bei dem Alis zweiter Sohn, der Prophetenenkel Husain, von Truppen eines Kalifen der Gegenpartei umgebracht wurde. Sein bis heute mit Trauerfeierlichkeiten begangener Märtyrertod im Kampf ums Kalifat bewog seine Nachkommen, sich als unfehlbare *Imame* mit oberster Lehrautorität auf die *religiöse* Führung ihrer Gemeinde zu beschränken. So setzen die Imame der Zwölferschia mit ihren inspirierten und kanonisierten Worten und Taten die Ausdeutung des Koran durch den Propheten, nämlich seine Sunna fort – auf Kosten vieler für gefälscht erklärter sunnitischer Hadithe. Die göttlicher Eingebung ermangelnden *Kalifen* der Sunniten hingegen führten ihre Gemeinde vor allem *politisch*. Nach der Machtergreifung durch regionale *Sultane* blieb ihnen nurmehr die Aufgabe, die tatsächlichen Herrscher zu legitimieren und die längst verlorene Einheit der Umma zu repräsentieren. Lehrautorität hatten allein die Gelehrten und verwalteten sie *egalitär*.

Die 15 Länder mit dem höchsten schiitischen Bevölkerungsanteil

Land	Anzahl der Schiiten	Prozentualer Anteil
Iran	61 000 000	93 %
Oman	948 750	75 %
Bahrain	400 000	65 %
Aserbeidschan	4 700 000	61 %
Irak	11 000 000	55 %
Libanon	1 370 000	40 %
Jemen	3 170 000	36 %
Kuwait	550 000	30 %
Pakistan	26 700 000	25 %
Syrien	1 300 000	17 %
Vereinigte Arab. Emirate	400 000	16 %
Türkei	6 000 000	15 %
Afghanistan	3 560 000	15 %
Saudi-Arabien	620 000	15 %
Tadschikistan	300 000	5 %

Nach der Entrückung des letzten Imams in die »Große Verborgenheit« (10./4. Jh.) – so die hoffnungsvolle Deutung für sein Ausbleiben – ging die Lehrautorität auch bei den Zwölferschiiten ganz auf die Gelehrten über. Sie bildeten aber, anders als die Sunniten, protegiert von schiitisierenden Herrschern ab dem 16./10. Jh. in Iran einen zunehmend *hierarchischen* Klerus aus. Es kam also im sunnitischen wie im schiitischen Islam zu einer Aufgabenteilung zwischen Sultan bzw. Schah und Religionsgelehrten, die politische und religiöse Autorität trennte. Dadurch blieb die Legislativgewalt im Grundsatz von der Verweltlichung verschont, welche die Exekutivgewalt ereilte. Denn gleich wer die Staatsgeschäfte betrieb – es galt Gottes von den Ulema verwaltetes Recht, an dem die Politik zu messen war. Allerdings erwuchs der Scharia durch Herrschererlasse wie das »Qanun« der osmanischen Sultane weltliche Konkurrenz. Umgekehrt griff in Iran 1979/1399 ein »Oberster Ayatollah« nach der politischen Macht und trat als Revolutionsführer die neu erfundene »Herrschaft des (besten) Rechtsgelehrten« an.

Unterschiede Sunna – Schia

Sunnitischer und schiitischer Islam unterscheiden sich beträchtlich. Die Koranauslegung sucht bei den Schiiten außer dem offenbaren auch den verborgenen Sinn hinter den Worten. Das vermeintlich ähnliche Recht stellt Frauen im Erbfall so viel besser, dass mancher Sunnit allein darum auf dem Totenbett konvertiert. Die Imame dienen den Gläubigen als Fürsprecher bei Gott, ihre Gräber im Irak und in Iran sind darum bedeutende Wallfahrtsstätten – im Jahr 2006 zählte Kerbela mehr Pilger als Mekka! Zudem hat in der Schia die vernunftgläubige Theologie der Mu'tazila überlebt; hier gilt also nicht das sunnitische »Wahr, weil offenbart!«, sondern eher: »Offenbart, weil wahr!« Wahhabiten ist diese Vielfalt, den Islam zu leben, ein Gräuel – und so haben sie 1802–4 die Grabstätten vieler Imame zerstört. Warum aber sollte Gottes Aufforderung »Tut Gutes um die Wette!« (Q 5:48) nicht auch für das Verhältnis zwischen Sunniten, Schiiten und anderen Muslimen gelten? Geben sich nicht alle bei der Deutung Mühe? Und sind nicht alle fehlbar? Man könnte also voneinander lernen, statt sich zu bekämpfen. Religiöse Diversifikation ist nicht Spaltung, sondern Verzweigung, die die Erkenntnis vom Willen Gottes auf unterschiedlichen Wegen vorantreibt: eine Vermehrung der Heilschancen.

Bid'a oder Wandel?

Manche Muslime befürchten, die geschichtliche Entfaltung von Glauben und Lebensweise könne vom offenbarten Heilsweg abführen. So haben konservative Gelehrte bestimmte Innovationen – religiöse Praktiken wie den Derwischtanz und weltliche Techniken wie das Fernsehen – als unerlaubte und somit unislamische »Neuerung« (*bid'a*) im Widerspruch zum geheiligten Brauch (*sunna*) bekämpft – mit schwankendem Erfolg. Dass Sunniten – nicht aber Schiiten: für sie ist sie eine Leidensgeschichte! – die Epoche der vier ersten »rechtgeleiteten« Kalifen bis zur Fitna zum Goldenen Zeitalter verklären, macht sie anfällig dafür, plötzlichen gesellschaftlichen Wandel als Verfall zu deuten. Das hat den Wandel selten verhindert. Doch es erlaubt Unzufriedenen, die Gegenwart zu kritisieren und die Rückkehr zum reinen Urislam zu predigen wie die Reformatoren die Rückkehr zum wahren Urchristentum. Die Geschichte des Islam ist darum reich an religiös-politischen Erneuerungsbewegungen und durch sie erzielten Machtwechseln.

Neuerung oder Verfall?

Auch im gegenwärtigen Umbruch durch fortschreitende Modernisierung haben Verfallsdiagnosen Konjunktur, die das Heil in einer Rückbesinnung auf den Koran und seine Werte suchen. Doch das kann heute sehr Verschiedenes bedeuten. Wer sich auf den *Buchstaben* der Offenbarung beruft, stemmt sich gegen den Wandel und möchte Vergangenes wiederherstellen – Reform im wörtlichen Sinn von Rückverwandlung. Hier herrschen dumpfe fremdenfeindliche Ressentiments und trotzige Verweigerung. Wer sich dagegen auf den *Geist* beruft, ist offen für Wandel und Neuerungen – Reform im heute üblichen Sinn von Fortschritt. Dies ist die Haltung derer, die Wandel souverän gestalten und auch westliche Anregungen nutzen möchten.

Reformbewegungen

Der religiösem Reformdrang eigentümliche Doppelsinn von »Er/Neuerung« entfacht ein breites Spektrum mehr oder weniger wandlungsbereiter Reformdiskurse. Die einen möchten vor allem den Islam modernisieren, die anderen umgekehrt die Moderne islamisieren. Zwei Auffassungen von Reform (*islâh* – »Besserung«, Q 11:88) ringen um die Zukunft der islamischen Welt wie feindliche Brüder um das väterliche Erbe. Wenn westliche Muslime wie Khaled Abou El Fadl und Abdelwahhab Meddeb die heutige »Krankheit des Islam« beklagen und seine Heilung in energischer Selbstkritik suchen, haben sie gerade jene im Sinn, die ihrerseits als Erneuerer des verweltlichten Glaubens mit Petrodollarmilliarden einen besonders engstirnigen Islam verbreiten halfen – und damit ideologisch den Boden bestellten, auf dem die dschihadistische Radikalisierung gedieh. Die islamische Reformation ist in sich gespalten.

»Die Muslime sind so fanatisch«

Die Glaubensausübung: Islam im Alltag

Inszenierter Fanatismus

Der Fan rast vor Begeisterung, der Fernstehende findet seinen Eifer übertrieben: Über das rechte Maß der Verehrung ist man sich selten einig. So auch in Glaubensdingen, nur dass man hier den anders und mutmaßlich stärker Gläubigen rasch fanatisch schilt. Der Vorwurf trifft heute vor allem Muslime. Bilder vom Volkszorn wie beim Karikaturenstreit gelten als Beweis, dass nicht nur einzelne Extremisten über die Stränge schlagen. Nun stellt Protest, der sich in Ausschreitungen und Gewalt entlädt, der Politik vor Ort gewiss kein gutes Zeugnis aus. Doch was besagt er über den Glaubenseifer der Muslime im Alltag? Als der dänische Jyllands Posten seine Muhammad-Karikaturen veröffentlichte, geschah zunächst – nichts! Dabei hatte er eigens unter allerhand Possierliches auch einen Tritt vors Schienbein gemischt: den Propheten als Bombenleger … Also mussten die enttäuschten Redakteure stadtbekannte Hardliner zu einer Stellungnahme auffordern, damit sich doch noch Widerstand formierte. Und diese Aktivisten mussten bei ihrem Propagandafeldzug in der islamischen Welt erst mit weit übleren untergeschobenen Karikaturen Petrodollars einwerben, bevor sich mit monatelanger Verzögerung Empörung mobilisieren ließ. Mit anderen Worten: Es geht hier um Politik, die den trägen Volkszorn vor ihren Karren spannt. Der Fanatismus ist inszeniert – ein außeralltäglicher Event.

Religiosität im Alltag

Bleibt die Frage, wie es um den Glaubenseifer der Muslime eigentlich bestellt ist. Wie religiös sind sie im Alltag? Viele Nichtmuslime glauben, alle Muslime seien erzfromm. Muslimische Aktivisten sind vom Gegenteil überzeugt und fühlen sich als Minderheit unter lauter verweltlichten Muslimen, die sie zum starken Glauben bekehren möchten. Beides ist übertrieben und verneint die Zwischenstufen, die Mitte zwischen den Extremen. Religiosität hat viele Gesichter, sie ist darum nicht leicht zu messen. Es ist aber nie falsch danach zu fragen, ob ein Glauben auch ausgeübt wird, und beim Gottesdienst zu beginnen. Welches sind die kultischen Übungen, zu denen die Scharia die Gläubigen vor allem anderen anhält?

Die fünf Säulen des Islam

Der Glauben ruht nach Ansicht der Gelehrten auf fünf Säulen: dem Bekenntnis, dem Gebet, dem Fasten, der Almosengabe und der Wallfahrt nach Mekka.

Bekenntnis – Schahada

Das *Bekenntnis* lautet bei Sunniten »Es gibt keinen Gott außer Gott und Muhammad ist sein Prophet«. Schiiten fügen »und Ali ist der Sachwalter Gottes« hinzu. Es ist Bestandteil anderer Riten, zum Beispiel des Gebetsrufs, der Waschung und des Gebets. Für den Übertritt zum Islam genügt es, das Bekenntnis vor zwei Zeugen auszusprechen.

Gebet – Salât

Das *Gebet* ist fünfmal am Tag – morgens, mittags, nachmittags, abends und nachts – zu verrichten. Da sich die Zeiten nach dem Stand der Sonne richten und nicht nach der Uhr, ruft ein Muezzin zum Gebet. Sein vierfaches, laut verstärktes »Allahu akbar! – Gott ist größer!« – zu Beginn, das an Gottes Allmacht erinnert, wird in Fernsehberichten gern zum akustischen Signal für muslimische Machtgelüste umgedeutet. Das Gebet ist nur im Zustand der Reinheit gültig und erfordert daher eine rituelle Teil- oder Ganzwaschung des Körpers und einen reinen Ort. Der gen Mekka gewandt begangene Gebetsritus selbst besteht aus Koranrezitationen und Lobpreisungen Gottes zu einer Abfolge von Bewegungen, die Ergebung (*islâm*) in Gott ausdrücken: Stehen, Verbeugen, Niederwerfen und Knien. Am Ende steht der Friedensgruß (*salâm*). Man kann allein oder gemeinsam, daheim, unterwegs oder in der Moschee beten. Zum gemeinsamen *Freitagsgebet* in der Moschee mit abschließender Predigt des vorbetenden Imams sind nur Männer verpflichtet, doch nehmen daran allmählich auch Frauen teil. Die Arbeit ruhte früher nur für die Zeit des Gebets.

Fasten – Saum

Das Gebet ist die einzige Alltagspflicht. Das jährliche *Fasten* im Monat Ramadan verbindet Enthaltsamkeit von Sonnenauf- bis Sonnenuntergang mit nächtlichen Festessen, Andachtsübungen und öffentlichen Koranrezitationen. Die »Nacht der Bestimmung« gedenkt der ersten Offenbarung, kurz darauf endet der Ramadan mit dem dreitätigen »Fest des Fastenbrechens« (*'îd al-fitr*) oder »Zuckerfest« und Geschenken. Auch das jährliche

Almosen – Zakât

Almosen wird oft in diesen Tagen von vermögenden an bedürftige Gläubige verteilt oder sonst einem guten Zweck zugeführt; die Abgabe nach eigenem Ermessen – die Steuersätze der Rechtsgelehrten sind fromme Theorie – ehrt Gott durch Solidarität. Ramadan ist also wie Weihnachten oder Ostern ein wichtiges Gemeinschaftsfest.

Wallfahrt – Hadsch

Die *Wallfahrt* nach Mekka im Pilgermonat am Ende des Jahres sollen Muslime nach Möglichkeit einmal im Leben antreten, um dort auf dem Berg Ararat zu verweilen, den Teufel zu steinigen und die Ka'ba siebenmal zu umkreisen. Auch diese Riten enden mit einem dreitägigen Fest, dem »Opferfest« (*'îd al-adhâ*), bei dem ein Schaf geschlachtet wird. Vielen Muslimen bleibt die eigene Teilnahme versagt, doch feiern sie weltweit das Opferfest mit und erleben die Gemeinschaft der Gläubigen live am Bildschirm.

Das islamische Jahr richtet sich nach dem Mondwechsel und ist darum um elf Tage kürzer als das Sonnenjahr. Ramadan ist also jedes Jahr fast zwei Wochen früher als im Vorjahr – und ein Jahrhundert dauert nur 97 Sonnenjahre.

Untersuchungen zur Religionsausübung

Die bisherigen Untersuchungen zur Religionsausübung lassen an Vergleichbarkeit zu wünschen übrig. Dennoch zeichnet sich ab, dass die Mehrheit den außeralltäglichen Riten zu hohen Festen den Vorzug vor dem täglichen Gebet gibt. Das gilt besonders für die Türkei und Muslime in Deutschland und Frankreich. Hier einige Zahlen: Das Opferfest, Fasten und Almosen praktizieren Deutschtürken zu fast 80 Prozent, das tägliche Gebet hingegen nur 36 Prozent. Junge Muslime beten sogar zu 22 Prozent nie, 19 Prozent selten, 10 Prozent wöchentlich, öfters 14 Prozent und nur 23 Prozent täglich. In der Türkei fasten 91 Prozent, spenden 60 Prozent und beten täglich 46 Prozent der Muslime (2000), aber 17 Prozent nie (2001). Eine französische Studie aus dem Jahr 2005 widerlegt den Mythos, Muslime blieben immer Muslime: 20 Prozent der Befragten türkischer und afrikanischer Herkunft bezeichnen sich als religionslos, die Algerienstämmigen sogar zu 25 Prozent – nur knapp unter dem Landesschnitt von 28 Prozent! Von den Gläubigen fasten 83 Prozent und weitere 7 Prozent zumindest einige Tage, dagegen beten 27 Prozent nie, 20 Prozent gelegentlich, 10 Prozent oft und nur 43 Prozent täglich. Und nicht einmal die Hälfte von Letzteren besucht wenigstens einmal pro Woche die Moschee: Ihr Glaube ist individueller und privater geworden.

Zeremonien

Ein Gutteil der europäischen Muslime scheint also nicht frommer als viele Weihnachtschristen. Doch ist das nur die halbe Wahrheit, denn es ist nicht allein der Gottesdienst, der Alltag, Festzyklus und Selbsteinschätzung als mehr oder weniger religiös prägt. Von Bedeutung sind hier neben vielfältigen Praktiken der Volksfrömmigkeit zum einen die Zeremonien an Wendepunkten des Lebens und zum anderen die Scharia als Richtschnur des Verhaltens. Die Riten bei Geburt, Mannbarkeit, Hochzeit und Tod sind keine von Priestern gespendeten Sakramente. Eine Taufe gibt es nicht: Man wird als Muslim geboren und hört als Erstes das Glaubensbekenntnis, den Namen flüstert der Imam dem Neugeborenen ins Ohr. Jungen werden im Alter von etwa sechs Jahren und spätestens vor der Geschlechtsreife nach dem Vorbild des Propheten beschnitten. Der Schritt zum Mannsein wird mit einem großen Fest gefeiert. Die schwarzafrikanische Barbarei der Mädchenbeschneidung führten im Sudan und in Ägypten auch Muslime fort und rechtfertigten sie mit gefälschten Prophetenworten. Türken, Marokkanern und den meisten anderen Muslimen ist sie unbekannt. Ayaan Hirsi Alis Versuch, damit ausgerechnet in den vorwiegend von Muslimen marokkanischer und türkischer Herkunft bewohnten Niederlanden gegen »den Islam« Front zu machen, ist eine groteske Verleumdung.

Die Rolle der Scharia

Die islamrechtliche Ehe ist ein kündbarer Vertrag, bei dessen Abschluss ein Imam als Zeuge und Leiter zugegen sein kann, aber nicht muss. Diese »Imam-Ehe« bedarf heute meist noch der gerichtlichen Registrierung. Die rechtlichen Modalitäten von zunehmend selbst angebahnter Ehe und Scheidung folgen weithin – nicht aber in der Türkei und in Marokko – Scharia-Vorgaben. Sterbende sprechen nach Möglichkeit das Glaubensbekenntnis, der Tote wird rituell gewaschen und nach dem Totengebet unter Leitung des Imams mit dem Gesicht gen Mekka bestattet. Das Erbrecht folgt weithin – nicht aber in der Türkei – Scharia-Vorgaben.

Halâl und Harâm

Im täglichen Leben findet das ausgetüftelte Einmaleins von Halâl und Harâm, also die Scharia als Richtschnur in sehr verschiedenem Umfang Billigung. Großer Zustimmung erfreuen sich vor allem *Speiseverbote* und neuerdings wieder *Kleidungsregeln.* So geben 89 Prozent der Deutschtürken an, die Speisetabus einzuhalten. Der Verzicht auf *Schweinefleisch* steht dabei an erster Stelle, gefolgt von dem Wunsch, nur Fleisch von rituell geschlachteten, sprich geschächteten Tieren zu essen, während das *Alkoholverbot* wie üblich flexibler gehandhabt wird: 23 Prozent der jungen Deutschtürken trinken immerhin gelegentlich, 43 Prozent wenn auch selten und nur 33 Prozent nie. Am *Kopftuch* hingegen und seinen Steigerungsformen scheiden sich die Geister wie nirgends sonst. Es ist unschlagbar als Mittel, den eigenen Glaubenseifer zur Schau zu stellen, ein Zeichen des betont religiösen Lebenswandels von wiedergeborenen Musliminnen. Es dient daher sowohl in der Eigen- wie Fremdwahrnehmung als Hauptsymbol des Religiöswerdens und eines als »Re-Islamisierung« gedeuteten Comebacks von im Alltag gelebter Religion. Doch steht das Kopftuch herkömmlich für eine Politik der Absonderung, die Frauen mindere Rechte zubilligt. Daher bekämpfen andere, nicht minder religiöse Muslime das Kopftuch als Symbol einer Unterdrückung, die sich zu Unrecht auf Gott beruft. Der *Bart*, mit dem Männer einen frommen Lebenswandel zur Schau stellen, kostet sie nichts. Der Trend zu mehr bekundeter Religion ist reversibel. Unter Deutschtürken hat in den letzten fünf Jahren der Anteil derer, die sich als sehr religiös verstehen,

Kopftuch

Im Zentrum des koranischen Moralkodex steht nicht die Verhüllung des Gesichts, sondern die Bedeckung des Busens – und allgemeiner die Absicht, Frauen durch Geschlechtertrennung vor sexueller Belästigung zu schützen. Das lässt sich auch ohne Kopftuch und Absonderung bewerkstelligen.

von acht auf 22 Prozent zugenommen. Ob dies auf Kosten der »eher« oder der »eher nicht« religiösen Befragten geschah, hängt davon ab, welcher Verlautbarung des Zentrums für Türkeistudien man Glauben schenkt. Anderswo ist bereits eine Trendumkehr festzustellen: In der Türkei trägt man wieder weniger Kopftuch, in Iran TschaDior statt Tschador.

Bedeutung der Religion

Nicht ohne Grund erklären mithin 74 Prozent der Muslime in Frankreich, dass Religion ihnen als wichtige (20 Prozent), sehr wichtige (35 Prozent) oder extrem wichtige (19 Prozent) Richtschnur dient. Nach den Regeln des Islam leben aus eigener Sicht weitgehend 31 Prozent und teilweise 51 Prozent der Deutschtürken – und nur 18 Prozent nicht. Und für immerhin 45 Prozent der jungen Muslime in Deutschland ist Religion im Alltag nach eigenem Bekunden sehr wichtig, für weitere 27 Prozent wichtig. Das ist bei ihren Mitbürgern anders, für die Religion überwiegend einen geringeren Stellenwert besitzt.

In vielen Ländern der muslimischen Welt liegen die Werte für Religionsausübung höher als in der Türkei, Deutschland und Frankreich, so für das Fasten in Indonesien und Ägypten bei 99 Prozent. Doch findet man etwa in Pakistan trotz überrepräsentierter Aktivisten – 41 Prozent der Befragten – schon 10 Prozent Muslime, die nie beten, und 39 Prozent, die kein Almosen geben. Vor allem aber zeigt sich, dass das Volk abgesehen vom Fasten deutlich weniger praktiziert als die religiöse Elite und sich auch weniger auf Gott verlässt (23 Prozent statt 65 Prozent in Ägypten). Das Gefälle zwischen übereifrigen und weniger eifrigen Gläubigen lässt sich also auch hier beobachten, es ist allerdings zum weltlichen und ungläubigen Pol hin noch nicht so ausgeprägt wie bei Christen und Muslimen im Westen. Über den sonstigen Wandel der Religiosität ist damit noch wenig ausgesagt.

Für Europa dient als Faustregel: Einem Viertel von Feiertags- oder Kulturmuslimen steht eine Mehrheit gegenüber, die ihren Glauben in schwankendem Umfang auch im Alltag lebt. Vor allem Kulturmuslime werden oft verkannt, da Religion gerade nicht die pauschal unterstellte Bedeutung für sie hat. Die übereifrigen Muslime schelten sie darum »schlechte«, »sündige« und im schlimmsten Fall sogar »ungläubige« Muslime – so die Dschihadisten. Das ist Fanatismus – und ein mit Nachdruck zu bekämpfendes Übel.

»Der Islam missioniert mit dem Schwert«

Der Dschihad: Angriff oder Verteidigung?

Ein Hang zur Gewalt?

Der Stein des Anstoßes war eine Rede des Papstes. Genauer gesagt: ein missverständliches Zitat aus ferner Zeit. »Zeig mir doch, was Mohammed Neues gebracht hat, und da wirst du nur Schlechtes und Inhumanes finden wie dies, dass er vorgeschrieben hat, den Glauben, den er predigte, durch das Schwert zu verbreiten«, so ein byzantinischer Kaiser im interreligiösen Streitgespräch mit einem Perser wenige Jahrzehnte, bevor die Muslime im Angriffskrieg auf Europa Konstantinopel eroberten. Zwar hatte Benedikt XVI. sich von der »erstaunlich schroffen Form« des Vorwurfs – »*nur* Schlechtes und Inhumanes« – distanziert. Dennoch waren Muslime weltweit empört: Welcher friedliebende Mensch lässt sich im 21. Jahrhundert gern einen Hang zur Gewalt nachsagen? Gewalttätig sind immer die anderen – aus muslimischer Sicht »der Westen«, aus westlicher Sicht »die Muslime«. Das tut der großen Mehrheit jeweils Unrecht; aber hier die Angst vor islamistischen Anschlägen und dort die Wut über amerikanische Waffengänge verzerren die Sicht …

Die Militanz radikaler Muslime, die sich meist als Verteidigung versteht, ist nicht aus dem Koran zu erklären. Gleichwohl ist es ratsam, an die blutige Geschichte religiös begründeter Angriffskriege zu erinnern – Europa hatte sich ja über

Jahrhunderte muslimischer Glaubenskrieger zu erwehren! –, wenn man zugleich die religiösen Quellen von *Gewaltkritik* in Erinnerung ruft. Wie also hielten es Muslime ehedem mit Krieg und Bekehrung?

Widersprüchliche Standpunkte des Koran

Der Koran vertritt widersprüchliche Standpunkte. Der Schwertvers (Q 9:5) fordert: »Wenn die heiligen Monate vergangen sind, dann tötet die Polytheisten, wo ihr sie findet, ergreift sie, belagert sie und lauert ihnen überall auf. Wenn sie aber bereuen, beten und Almosen geben, dann lasst sie ihres Weges ziehen.« Das ist Schwertmission, aber duldsamer als das Alte Testament, das die Juden dazu aufforderte, ganze Völker einfach auszurotten, statt sie zu bekehren (Dtn 20,10–18). Der Tributvers (Q 9:29) nimmt Christen und Juden von der Zwangsbekehrung aus und duldet sie, mit Einschränkungen, gegen Zahlung eines Tributs: »Kämpft gegen jene Schriftempfänger, die nicht an Gott noch den Jüngsten Tag glauben, noch verbieten, was Gott und sein Gesandter verboten, noch die wahre Religion bekennen – bis sie demütig Tribut aushändigen.« Der hier zugesicherten, bedingten Glaubensfreiheit ist es zu verdanken, dass viele Christen in den eroberten Gebieten über Jahrhunderte bei ihrem Glauben blieben. So waren um 1930 40 Prozent der Syrer Christen. Darum gibt es trotz des Anteilsverlusts in den letzten Jahrzehnten bis heute Christen in der islamischen Welt.

»Wenn der Herr, dein Gott, sie in deine Gewalt gibt, sollst du alle männlichen Personen mit scharfem Schwert erschlagen.« (Dtn 20,12)

»Kein Zwang im Glauben«

Ganz andere Töne schlägt der Kein-Zwang-Vers (Q 2:256) an: »Kein Zwang im Glauben! Recht und Irrtum sind nun klar geschieden.« Dieser erstaunliche Vers toleriert Irrglauben bedingungslos. Das kam mittelalterlichen Gelehrten so ungelegen, dass sie auf Mittel sannen, Gottes Friedenswort zu entwerten. Manche sagten, Gott habe es durch den Schwertvers später aufgehoben. Andere sprachen von einer freien Wahl zwischen jüdischem und islamischem Glauben in einem einzigen, längst vergangenen Fall. Hauptsache, der Schwertvers behielt Oberhand.

»Schwertvers« oder Religionsfreiheit?

Glücklicherweise gibt es keinen vernünftigen Grund, an dieser kriegslüsternen Auslegungstradition festzuhalten. Reformer, liberale und selbst konservative Muslime werten daher seit über hundert Jahren den Kein-Zwang-Vers auf, um Glaubenskrieg durch Glaubensfreiheit zu ersetzen. So auch die Islamische Charta des Zentralrats der Muslime in Deutschland (2002), wenn sie in Paragraf 11 die Religionsfreiheit bejaht, »das Recht, die Religion zu wechseln, eine andere oder gar keine Religion zu haben«, denn: »Der Koran untersagt jede Gewaltausübung und jeden Zwang in Angelegenheiten des Glaubens.« Die fortschrittliche, friedfertige Deutung missfällt allerdings nicht nur Dschihadisten. Auch Islamwissenschaftler wie Tilman Nagel fallen den Reformern mit der törichten Behauptung in den Rücken, es handle sich bei besagtem Vers um einen »Scheinbeleg« für Religionsfreiheit. Die Exmuslimin Ayaan Hirsi Ali treibt die unheilige Allianz von islamkritischen und islamistischen

Kulturkämpfern auf die Spitze: Bin Laden berufe sich zu Recht auf die Religion. Das ist eine Verleumdung. Wer so die terroristische Sicht der Dinge bekräftigt, will die fragliche Religion nicht reformieren, sondern abschaffen. Ein Mitstreiter Alis gab ihre wahre Agenda, den Abfall der Muslime vom Glauben, unlängst freimütig zu Protokoll.

Für die Zeit vor der Moderne gilt: Die Rechtsschulen erklärten den Schwertvers zum letzten und damit letztgültigen Wort Gottes. Der darin geforderte *Angriffs*krieg galt als Pauschalpflicht der Gemeinschaft, die *einzelne* Muslime in ihrem Namen erfüllen, und rangierte als nachrangiger Gottesdienst unmittelbar nach den fünf »Säulen der Religion« wie Gebet und Fasten. Individualpflicht *aller* Muslime war und ist allein der völkerrechtlich zulässige *Verteidigungs*krieg. Heutige Dschihadisten betonen den Defensivcharakter ihrer Mission nicht zuletzt darum, weil dieser allmobilisierende Pflichttyp bei jungen Männern keine Zustimmung der Eltern erfordert.

»Da'wa« und Mission

All dies berechtigt nicht zu der vorschnellen Behauptung, »der« Islam sei eine Religion des Krieges und »das« Christentum eine Religion des Friedens. Beide möchten die ganze Menschheit mit ihrer Heilsbotschaft beglücken. Wir können den Auftrag zur Glaubensverbreitung »Mission« nennen, nach dem lateinischen Wort für Sendung, oder »Da'wa«, nach dem arabischen Wort für Aufruf zum Glauben. Die empfohlenen Mittel zu diesem Zweck ändern sich im Lauf der Zeit je nach den Umständen. Das frühe Christentum unterlegener Untertanen empfahl die friedliche Mission. Als sich die Kräfteverhältnisse gewandelt hatten, konnte das die Militarisierung der Westkirche als Antwort auf den Dschihad der Muslime nicht verhindern: Papst Urban II. lieferte am 27. November 1095 zur Heiligung des Krieges das »Gott will es« nach, dem sich das Neue Testament anders als das Alte Testament verweigert hatte. Spätestens mit dem ersten Wendenkreuzzug von 1147 war dann als Kriegsziel über Verteidigung, Rückeroberung und Eroberung hinaus auch die Schwertmission eine Option. Auch ein Reformator wie Zwingli trat dafür ein, die freie Predigt per Angriffskrieg zu erzwingen; das Zürcher Denkmal zeigt ihn mit dem Schwert in der linken Hand und der Bibel unter dem rechten Arm …

Mission mit dem Schwert

Der früh mit Siegen verwöhnte Islam stellte die Schwertmission in den Vordergrund: die Eroberung der Welt als Voraussetzung und Mittel ihrer angestrebten Bekehrung. Der große Historiker Ibn Khaldun (st. 1406/808) brachte das Denken seiner Zeit so auf den Punkt: »In der muslimischen Gemeinschaft ist der Heilige Krieg eine religiöse Pflicht aufgrund der Universalität der Mission, jedermann entweder durch Überredung oder Gewalt zu bekehren.« Für die strengsten Dschihadisten gilt das noch heute: »Das allerletzte Ziel, mit dem der Dschihad endet, ist die Bekehrung der gesamten Welt zum Islam, ausgenommen die Schriftbesitzer und Zoroastrier«.

Duldung der »Schutzbefohlenen«

Der Aufruf zur Bekehrung sollte vor Beginn der Kampfhandlungen erfolgen und stellte es zumindest Juden und Christen frei, gegen Tribut bei ihrem Glauben zu bleiben. Ihre Duldung als »Schutzbefohlene« minderer Rechte sicherte ihr Überleben als Glaubensgemeinschaft. Sie ging aber mit gesellschaftlicher Zurücksetzung einher und konnte fallweise Massenausschreitungen und im Osmanischen Reich die berüchtigte »Knabenlese« – die Zwangsrekrutierung christlicher Bauernsöhne auf dem Balkan als Eliteklaven des Sultans (14.–17. Jh.) – nicht verhindern. Die unbedingte Glaubensfreiheit moderner Gesellschaften ist selbstverständlich vorzuziehen.

Kam es trotz des Aufrufs zur Bekehrung zum Kampf, drohte Gefangenen gleich welchen Glaubens in aller Regel die für rechtens erklärte Sklaverei und Männern teils auch der Tod. Tatsächlich verfolgten Dschihadfeldzüge über Jahrhunderte als erstrangiges Kriegsziel die Erbeutung von Sklaven vor allem aus Schwarzafrika, den türkischen Steppen Zentralasiens und dem slawischen Osten Europas – ein düsteres Kapitel.

Friedliche Mission?

Als der Islam seine Überlegenheit einbüßte und die Eroberungen zum Stillstand kamen, gelangten die Rechtsgelehrten zu dem Schluss, dass der Angriffskriegspflicht mit einer jährlichen Expedition in Feindesland Genüge getan sei. So konnte in der Moderne die *friedliche* innere und äußere Mission in den Vordergrund treten und schließlich in Organisationen wie der Islamischen Weltliga institutionalisiert werden. Wichtige Gelehrte des Mainstream-Islam beschränken den Dschihad auf die *Verteidigung* und preisen stattdessen die Massenmedien als zeitgemäßes Werkzeug der Mission. So die maßgebenden Lehrbücher der sunnitischen al-Azhar-Universität: »In früheren Zeiten war das Schwert erforderlich, um den Weg der Da'wa zu gehen. Doch in unserem Zeitalter hat das Schwert seine Bedeutung verloren; nur im Fall der Verteidigung gegen jene, die dem Islam und seinem Volk übeltun wollen, ist darauf zurückzugreifen.« Der Freiheitskampf gegen koloniale Fremdherrschaft konnte somit weiterhin als Dschihad religiös legitimiert werden, die weltlichen Eliten begründeten ihn aber zunehmend mit nationalistischen Ideologien. Auf der anderen Seite entstanden schon im 19. Jahrhundert einzelne Erneuerungsbewegungen, die einen angriffslustigen Dschihad gegen innere wie äußere Feinde predigten. Beide auf Weltgeltung zielenden Eingottbekenntnisse haben also friedfertige wie kriegerische Auslegungen erfahren.

Wer dem Frieden huldigt, wirft an diesem Punkt gern die Frage auf, inwieweit das Feldherrentum des Propheten die »Entfaltung gewaltkritischer Tendenzen des Islam« erschwere. Je nun – der Prophet war kein Opfer, um mit der Jugend zu sprechen; oder mit Nietzsche: »Der Islam hat *Männer* zur Voraussetzung ...« Die scheinheilige Formel unterschlägt den springenden Punkt, nämlich die Frage nach dem statthaften oder unstatthaften *Zweck* der Gewalt: Angriff oder Verteidigung? Für weltfernen Pazifismus wird interessengeleitete Realpolitik, ob amerikanische oder iranische, auch in Zukunft keine Verwendung haben – und, Islam hin, Christentum her, kriegerische Unternehmen jedweder Art politisch korrekt als Verteidigung bezeichnen. Der Versuch, heutige Muslime für die Heiligen Kriege eines völlig anderen Zeitalters an den Pranger zu stellen, ist nichts anderes als eine Schmutzkampagne. Muslime sollen sich, so die Hoffnung, für ihren Glauben schämen. Sie täten gut daran, dieses antiklerikale Bußritual zu verweigern.

Glauben und Gesellschaft heute

»Der Islam ist gegen die Moderne«

Politischer und puritanischer Islam: Islamisten und Salafis

Erweckungsbewegungen

Islamischer wie christlicher *Aktivismus* ist ein Geschehen, das glaubensschwache Europäer bis heute in Erstaunen versetzt: Das Wiedererstarken von Religion war im antiklerikalen Entwurf von Moderne nicht vorgesehen. Das schert weder Evangelikale noch Islamisten; und so nahm nach einem Verweltlichungsschub in der ersten Hälfte des letzten Jahrhunderts die Bedeutung des Glaubens im öffentlichen wie im privaten Leben der USA wie der islamischen Welt wieder zu. Dabei hat sich die *Form* der Religiosität stark gewandelt: Glauben ist unter den Bedingungen der Moderne ein *individueller* Entschluss. Auch Muslime werden heute nicht mehr in eine bindende Tradition hineingeboren, sondern stehen vor der Wahl. Wer sich dafür entscheidet, seinen Glauben mit Eifer zu praktizieren, ist darum *wiedergeborener* Muslim – und nicht anders als wiedergeborene Christen Teil von globalen *Erwe-*

ckungsbewegungen, die mit Erfolg für ihr jeweiliges Glaubensverständnis missionieren. Hier sind konservative Familienwerte zuhause – und bei Islamisten häufig auch antiwestliche Ressentiments.

Das »islamische Erwachen«, so die arabische Wendung, hat viele Gesichter. Es gibt gemäßigte und radikale Aktivisten, Reformer und Revolutionäre, Dschihadisten und Pazifisten. Vor allem aber umfasst das aktivistische Feld weit mehr als nur den politischen Islam: Man kann sich zu einem betont frommen Lebenswandel bekehren, ohne nach Herrschaft zu streben. Eine Analyse, die dem Handeln nicht eine Vielzahl von Optionen zwischen politischem und puritanischem Pol zubilligt, greift zu kurz.

Islamismus und Fundamentalismus

Begriffe vereinfachen diese Vielfalt und sind darum nicht mehr als ein Anhaltspunkt. »Islamismus« im engeren Sinn bezeichnet Versuche, den Islam als *politische Ideologie* gegen weltliche Wettbewerber wie den Nationalismus und Sozialismus in Stellung zu bringen. »Fundamentalismus« unterstreicht die religiösen Bewegungen eigentümliche *Rückbesinnung* auf Glaubensgrundlagen, hier auf den Koran und die Sunna des Propheten und seiner Gefährten. Das Pendant zu bibeltreuen Christen sind heute sunnatreue Muslime, die den Brauch der »frommen Altvorderen« (*as-salaf as-sâlih*) des idealisierten »goldenen Zeitalters« der Offenbarung nachahmen und darum *Salafis* heißen. Je nachäffender der Rekurs, desto reiner bildet sich hier ein *fremdenfeindlicher Puritanismus* aus. Der Gegensatz zeigt sich schon im äußeren Erscheinungsbild: Der gewitzte Islamist trägt Sakko, Krawatte und gestutzten Bart, der dumpfe Salafi Pluderhosen, ein langes Hemd und wallenden Bart.

Was steckt hinter dem »islamischen Erwachen«? Modernisierung hieß für Muslime über ein Jahrhundert notgedrungen Umbruch nach europäischem Vorbild, also Verwestlichung und Verweltlichung. Der rasche Wandel ihrer Gesellschaften erscheint manchen als Selbstverlust – und so fordern sie die Abkehr vom Westen und Rückkehr zum Islam. Dies ist die Geburtsstunde des Islamismus als *Ringen um kulturelle Selbstbehauptung.* Islamisten leisten Widerstand gegen das, was ein keineswegs frommer Iraner 1962 als »Westansteckung« bezeichnete.

»Unter dieser Flagge«, so Dschalâl Âl-e Ahmad in seinem berühmten Essay, »sind wir uns selber fremd geworden, in unseren Speisen und Kleidern, Häusern, Sitten, Büchern und – am gefährlichsten – unserer Kultur.«

»Ablehnung des Westens«

Der Widerstand beschränkt sich keineswegs auf den Islam – und er gilt nicht der Moderne an sich. »Die Renaissance nichtwestlicher Religionen«, so Samuel Huntington, »ist die machtvollste Manifestation der Ablehnung des Westens durch Nicht-Westler. Diese Renaissance bedeutet keine Ablehnung der Moderne. Sie bedeutet eine Ablehnung des Westens und der laizistischen, relativistischen, degenerierten Kultur, die mit dem

Westen assoziiert wird. Sie bedeutet die Erklärung der kulturellen Unabhängigkeit vom Westen, die stolze Feststellung: ›Wir werden modern sein, aber wir werden nicht sein wie ihr!‹«

Suche nach der eigenen Moderne

Mit anderen Worten: Die Aktivisten sind auf der Suche nach einer eigenen, islamisch geprägten Moderne, die beides verbindet: Kopftuch *und* Karriere, Cola *und* Koran, Zinsverbot *und* Konsum. Abgelehnt wird insbesondere die Verweltlichung der Gesetzgebung, die als Religionsverlust gilt. Islamisten unterstellen, dass die Trennung von Staat und Religion, also seine Nicht-Identifikation mit gleich welcher Religion oder Weltanschauung, den Glauben schwächt. Das war in Europa der Fall – so bezeichnen sich in Deutschland West und Ost bereits ein bzw. zwei Drittel der Befragten als nicht religiös. Ganz anders liegen die Dinge in den USA: Hier, wo Religion und Staat von Anfang an streng getrennt waren, ist die überwältigende Mehrheit der Bevölkerung trotz Pluralisierung und Individualisierung des Glaubens nach wie vor tief religiös. Die starke Entkirchlichung und teilweise Entchristianisierung Europas ist vermutlich ein kurzlebiger Sonderfall.

Wer der als De-Islamisierung gedeuteten Verweltlichung entgegentritt, hat die Wahl zwischen zwei Strategien der Re-Islamisierung. Der politische Weg der Islamisten zielt auf den islamischen Staat und gipfelte in der klassischen Forderung nach Wiedereinführung der aus der Gesetzgebung verdrängten Scharia – ein Top-down-Verfahren. Der puritanische Weg der Salafis zielt auf die Sittenstrenge jedes Einzelnen, der Gottes Willen auch ohne Beistand des säkularen Staats verwirklichen kann. Sollten sich genügend Fromme der Bewegung anschließen, würde daraus unter demokratischen Bedingungen ein Bottom-up-Verfahren; wahrscheinlicher ist allerdings die Ausbildung islamisierter Wohngemeinden.

Symbole des Religiöswerdens

Hauptsymbole des Religiöswerdens sind Kopftuch und Bart. Sie stellen den besonderen Glaubenseifer wiedergeborener Muslime und Musliminnen zur Schau. Das heutige islamische Gewand, der islamische Look ist keine Tradition, er wurde vor rund drei Jahrzehnten von ägyptischen Aktivisten und Aktivistinnen erfunden und trat von da seinen weltweiten Siegeszug an. Der betont religiöse Lebenswandel provoziert ganz besonders in Europa samt der Türkei, wo man die Vertreibung der Religion aus dem öffentlichen Leben ins stille Kämmerlein für einen Fortschritt hält. Nun wird Religion auch hier wieder sichtbar. Diese Entprivatisierung des Religiösen, ihre Rückkehr in die Öffentlichkeit, ist ein globaler Trend.

Mustafa Kemal Atatürk, der Gründer der Republik, erhob einen geradezu militanten Laizismus nach französischem Vorbild zur Staatsdoktrin. Seine Maßnahmen zur Zwangsprivatisierung der Religion: Abschaffung des panislamischen Kalifats, Ersetzung der Scharia durch europäisches Recht, Schließung der Schariagerichte, Verbot der mystischen Orden und Ersetzung des islamischen Mondkalenders durch den christlichen Sonnenkalender.

Wo das Kopftuch einer freien Entscheidung entspringt, wertet es das als Zeichen der Unterdrückung gehandelte Stigma selbstbewusst um: Auf »Muslim is ugly!« antwortet »Muslim is beautiful!« Islamischer Aktivismus kann auf diese Weise wie die Frauen-, Schwarzen- oder Schwulenbewegung um Anerkennung für sein Anderssein werben – oder aber sich trotzig über den anderen erheben.

»Niedergang des Islamismus«?

Die übliche Verkürzung des aktivistischen Felds auf seinen politischen Pol verführte Gilles Kepel, zur Jahrtausendwende den »Niedergang des Islamismus« zu verkünden. Selten wurde ein Experte spektakulärer widerlegt als er durch 9/11 Gescheitert ist allenfalls der revolutionäre Islam, dem nach einem Erfolgsjahrzehnt von Khomeini bis zu den Taliban (1979–1989) kein Umsturz mehr glückte. Der puritanische Islam hingegen blüht und gedeiht allerorten; und 2003 übernahm in der Türkei eine demokratisch geläuterte Partei islamistischer Herkunft die Regierung. Tatsächlich hat es immer schon Bewegungen des einen wie des anderen Typs gegeben. Die Muslimbrüder verkörpern exemplarisch den politischen Islam. Sie wurden 1928 von dem ägyptischen Volksschullehrer Hasan al-Bannâ' gegründet und entwickelten sich rasch zur Massenbewegung mit Ablegern in den arabischen Nachbarländern. Muslimbrüder forderten damals die »Herrschaft des Islam« im Staat, nämlich eine Politik im Einklang mit der Scharia. Der Koran habe eine allumfassende Ordnung offenbart, darum galt die Losung: »Der Islam ist die Lösung!«

Tablîghî Dschamâ'at

Die Tablîghî Dschamâ'at verkörpert das Gegenteil: eine durch und durch apolitische Missionsbewegung, die verweltlichte Muslime zum wahren, sittenstrengen Islam bekehren möchte. Gegründet wurde sie noch vor den Muslimbrüdern, nämlich 1927 von Muhammad Ilyas in Indien. Und auch wenn sie bei dem Politologen Bassam Tibi nicht vorkommen: Sie sind größer als die arabischen Muslimbrüder, nämlich die größte transnationale islamische Bewegung der Welt!

Selbstverständlich bietet eine Wiedergeburt aus dem Geist des Pietismus keine Gewähr, dass sich solchermaßen Erweckte nicht später politisieren und sogar radikalisieren bis hin zum Dschihad – oder aber für die Demokratie streiten wie Rachid Ghannouchi, der Gründer der tunesischen Renaissance-Partei. Glauben hat viele Gesichter. Die Dynamik islamischer Bewegungen hängt nicht zuletzt von den regionalen Begleitumständen ab. In Iran züchtete der real existierende Gottesstaat postislamistische liberale Religionsgelehrte her-

»Hört auf zu sagen, Demokratie sei unserer Kultur fremd! Hört auf zu sagen, sie gehöre nur zum Westen! Ihr irrt euch, Demokratie ist Islam. Demokratie ist schlicht ein Weg, politischen und intellektuellen Streit friedlich auszutragen. Freiheiten sollten nicht als Bedrohung des Islam gesehen werden, denn sie sind sein Wesen. Wer Demokratie für Unglauben hält, hat Unrecht!«
Rachid Ghannouchi

an. In der Türkei wiesen Zuckerbrot und Peitsche des Militärs den Weg zur demokratischen Teilhabe an der Macht. In Europa ruft der in Calvins Genf geborene Enkel Hasan al-Bannâ's, Tariq Ramadan, die Muslime dazu auf, sich durch kritische Aneignung der europäischen Kultur neu zu entwerfen. Hier ist also schon länger zu beobachten, dass Aktivisten auf der Suche nach einer eigenen Moderne Teile der islamischen Tradition wie der eurogenen Moderne mit Bedacht auswählen, verbinden und daraus etwas Neues schöpfen.

Salafis in Saudi-Arabien

Anders bis vor kurzem in der arabischen Welt. Die Niederlage gegen Israel im Sechstagekrieg von 1967, die als »Katastrophe« ins kollektive Gedächtnis einging, erschütterte die Glaubwürdigkeit der herrschenden säkularen Ideologien und verhalf den Islamisten in den 70er Jahren zum Durchbruch in der politischen Öffentlichkeit. Nun gelang es islamischen Bewegungen, sich weithin als wichtigste Opposition durchzusetzen – wodurch sich die diktatorischen Regime gezwungen sahen, ihre Politik zunehmend islamisch zu artikulieren. Ein irrwitziger Zufall bewirkte, dass der Durchbruch ausgerechnet im Zeichen des saudischen Steinzeitislam wahhabitischer Prägung erfolgte: Die größten Erdölvorkommen der Welt wurden ausgerechnet in Saudi-Arabien entdeckt. Der hinterwäldlerische Islam der Hüter der Heiligen Stätten von Mekka und Medina hätte die meisten Muslime und selbst Islamisten nie beeindruckt, hätten sie nicht seit den 1970ern über Petrodollar-Milliarden verfügt. Nun war das Geld vorhanden, weltweit für das reaktionäre Islamverständnis einer puritanischen Erweckungsbewegung des 18. Jahrhunderts zu missionieren.

Bid'a

Das machte ursprünglich schöpferische Salafis zu dem was sie heute sind: eine herrschsüchtige fremden- und frauenfeindliche Islamreinigungstruppe. Salafis diesen Typs predigen die mimetische Rückkehr zum vermeintlichen Urislam und sind besessen vom Kampf gegen alle angeblich unislamischen Neuerungen. Schia und Sufitum, Theologie und Philosophie, Musik und Tanz – alles ist Bid'a; und so wurden lange vor den Bamian-Standbildern sogar die Gräber Muhammads und seiner Nachfahren zerstört. Andersgläubige Muslime werden als Ketzer verschrieen. Die Reform der Seele ist wichtiger als die des Staats. Darum gilt es zuvorderst, die Scharia buchstabengläubig zu erfüllen. Weltoffene Islamisten diskutieren über Demokratie und Menschenrechte, bornierte Salafis über die Sklaverei, Halâl und Harâm – denn es wäre ja Bid'a und nicht Sunna, mehr als Waffen vom Westen einzuführen. Islamisten sind nur Teilverweigerer, Salafis Totalverweigerer: Ahme niemals die Ungläubigen nach, verhalte dich loyal gegenüber Muslimen und illoyal gegenüber Nichtmuslimen!

Darum fordern Salafis Muslime im Westen dazu auf, sich von ihrer nichtmuslimischen Umwelt abzusondern, während Islamisten auf ein produktives Verhältnis sinnen. Mit anderen Worten: Salafis lehnen die Moderne ab, weil sie eine westliche Errungenschaft ist – und mehr noch, weil sie jeden geschichtlichen Wandel verneinen!

Das Wählerpotential islamistischer Parteien dürfte in vielen Ländern bei 15 bis 30 Prozent liegen. Es scheint aber, dass der gemäßigte Islamismus gegenüber salafitischen Diskursen an Boden verliert. Anbieter harter, streng bindender Religionsformen reüssieren durch aggressives God selling durchaus auf deregulierten Religionsmärkten. Die Moderne ist eben kein Aufklärungspaket, in dem Industrialisierung einerseits und säkulare Demokratie andererseits zwingend verknüpft wären – und die moralische Vision der westlichen Form von Moderne, ihr freiheitsgläubiger Individualismus, ist entweder aus sich heraus attraktiv oder nicht. Der kindische Trotz der Salafis ist die schlechteste Voraussetzung für eine bedachte Wahl, die Herkunft und Zukunft versöhnt: Die vorgebliche Autarkie ist nichts anderes als kulturelle Abhängigkeit vom Westen durch dessen obsessive Verneinung – das Gegenteil von Freiheit. Dennoch individualisieren und modernisieren sich längst auch die konservativen Gesellschaften der islamischen Welt, von fallenden Geburtenraten über weibliche Imame in Marokko bis hin zum Boom am Golf mit aufstrebendem Filmfestival, Louvre-Franchise und den ersten beiden Ministerinnen in einem arabischen Staat. Allerdings wird gerade hier die Wahl aller Voraussicht nach nicht auf den glaubensschwachen europäischen Entwurf von Moderne fallen. Es ist der amerikanische Entwurf, der lockt: die Freiheit, stärker zu glauben als wir.

Der britische Muslim Abdalhakim Murad nimmt die Haltung der Salafis so aufs Korn: „Geschichte – das bedeutet für die Möchtegern-Salafis dasselbe wie der Holocoust für Juden."

»Der Terror der Muslime bedroht unsere Welt«

Revolutionärer Islam: Der radikalisierte Dschihad

Ziele der Dschihadisten

Seit den Anschlägen von New York, Madrid und London fürchtet der Westen den Terror radikaler Muslime. Die Furcht ist begründet: Keine Macht der Welt kann ähnliche Anschläge mit Sicherheit verhindern. Dennoch sollte man sich nicht ins Bockshorn jagen lassen, denn Angst macht blind. Wir überschätzen ohnehin das Risiko spektakulärer Todesarten: Es ist und bleibt gefährlicher, zu rauchen. Und wir verkennen nun vor Angst, wer den gottlosen Mördern vor allem zum Opfer fällt: Muslime. Der Bericht des amerikanischen National Counter Terrorism Center über das Jahr 2005 hält fest, dass von etwa 40000 Toten und Verwundeten mindestens 10–15000 Muslime waren. Die Zahl der amerikanischen Opfer belief sich auf 56. Unter den 15 meistbetroffenen Ländern findet sich kein einziger westlicher Staat. Selbst wenn man den Irak als Sonderfall ausklammert, werden die meisten Anschläge im Nahen Osten und auf dem indischen Subkontinent verübt. Mit anderen Worten: Die Dschihadisten bekämpfen, auch wenn sie gegen »Kreuzfahrer und Zionisten« wettern, vor allem die gemäßigten Muslime, den »nahen Feind«. Wie konnte es dahin kommen, dass Muslime gegen Muslime in den Dschihad ziehen?

Leider brachte das 20. Jahrhundert nicht nur ungewöhnlich friedfertige Auslegungen der Dschihadpflicht hervor. Die gewalttätigen weltlichen Diktaturen der islamischen Welt förderten auch die Ausbildung der kriegerischsten Auslegung aller Zeiten: die unerhörte Zuspitzung der Dschihad-Doktrin zu einer islamischen *Revolutionsideologie,* die nichtstaatliche Gewalt einschließlich Terror gegen als unislamisch gebrandmarkte Herrschaft rechtfertigt. Damit ist auch der Islam auf dem Stand der revolutionstrunkenen Moderne.

Sayyid Qutb

Das Werk wurde von einem wiedergeborenen Muslim vollbracht, der sich 1953 nach einem Aufenthalt in den USA ganz den ägyptischen Muslimbrüdern verschrieb: dem Literaturkritiker Sayyid Qutb (1906–1966). Sein Weg führte ihn, da die siegreichen nationalistischen Revolutionäre die Macht nicht teilen mochten, für lange Jahre ins Gefängnis. Dort entstanden die Bücher, die ihn zur Kultfigur radikaler Islamisten in aller Welt machten: ein vielbändiger Korankommentar und »Wegmarken«, die Mao-Bibel der islamischen Revolution, die den Sound des 20. Jahrhunderts und seiner totalen Utopien islamisiert. Religion sei die »Deklaration der Befreiung des Menschen auf der ganzen Erde von jeder Macht außer der Macht Gottes«. Daher seien alle Politiker zu bekämpfen, welche die Menschen durch selbst gemachte Gesetze zu »Sklaven« einer anderen Gewalt als der Gottes machen. Der Aufbruch des Islam müsse mithin die Form des »Dschihad mit dem Schwert« annehmen; dies sei *Verteidigung* im erweiterten statt heute üblichen, verkürzten Sinn.

Takfîr – die Anklage wegen Unglaubens

Qutb rief also zum bewaffneten Widerstand gegen den Staat und Gesetzgeber auf, den er als »ungläubig« verschrie. Am 29.8.1966 wurde der Aufrührer hingerichtet – zu spät, um seine Wirkung zu verhindern. Seither ist es unter Extremisten gang und gäbe, anders denkende Muslime für ungläubig und damit vogelfrei zu erklären. Viel gelesener Vordenker dieses Übels namens *Takfîr* ist der mittelalterliche Theologe Ibn Taimiyya (1263–1328/661–728). Er gab der Versuchung nach, den Verteidigungskrieg der Mamluken gegen die muslimischen Mongolen durch eine Fatwa zum Dschihad zu adeln. Seine Argumentation: Die Mongolenherrscher seien gar keine Muslime, weil sie Gottes Recht nicht gegen Gewohnheitsrecht durchsetzten. Qutb & Co. übertrugen das Argument auf Regimes, die die Gesetzgebung verweltlichten. Der wachsende Einfluss der saudischen Wahhabiten, die seit dem 18. Jahrhundert Sufis und Schiiten zum Ungläubigen erklärten und zu Tausenden massakrierten, machte die Unterscheidung zwischen Herrschern und Untertanen hinfällig. So wurde Takfîr zum Freischein für Gewalt gegen Muslime im innerislamischen Kampf der Kulturen.

Ibn Kathîr (1300–1373/700–774) schlug vor, Q 5:44 in diesem extremistischen Sinn zu verstehen: »Wer nicht nach dem urteilt, was Gott herabsandte, der gehört zu den Ungläubigen.«

Der »nahe« und der »ferne Feind«

Die Radikalisierung militanter Splittergruppen schritt voran. 1980 erklärte der Elektroingenieur Faradsch in einem Manifest den Dschihad zur

»vergessenen Pflicht«. Er diene nicht nur der Verteidigung gegen nichtmuslimische Angreifer und der Befreiung Jerusalems, vorrangig sei vielmehr der Kampf gegen den »nahen Feind«: die nur dem Namen nach islamischen Regierungen. Ein Jahr später ermordete seine Gruppe Präsident Sadat. Die Bewegung des islamischen Widerstands Hamâs in Palästina zog angesichts von Fremdherrschaft natürlich den gewöhnlichen Dschihad gegen den nahen »fernen Feind« vor. »Keine Lösung der Palästinafrage außer durch den Dschihad!« heißt es in der Charta von 1988, gegen deren Ende sich atemberaubendes Verschwörungsdenken Bahn bricht: »Der Weltzionismus«, »die Juden« stünden hinter jedem Krieg mit der Absicht, den Islam auszulöschen … Der Hass auf die nichtmuslimischen Zuwanderer und Besatzer steigert sich hier zum universalen Judenhass. Heute gehört ein von europäischen Vorbildern inspirierter völkermörderischer Antijudaismus zum ideologischen Standard radikaler Dschihadisten und droht, über die arabische Welt hinaus größere Kreise anzustecken.

Das Begriffspaar des »nahen« und »fernen Feindes«, 1980 durch den Elektroingenieur Faradsch geprägt, wurde später vom ägyptischen Ideologen al-Qaidas, Ayman al Zawahiri, aufgegriffen und umgewichtet. Seine Perspektive richtet sich auf den »fernen« Feind, vor allem auf Israel und die USA.

Rechtfertigungen des Terrorismus

Menschen mit revolutionärer Sendung haben selten Skrupel, die Menschheit mit Gewalt zu beglücken. Die Nachgeborenen feiern den Erfolg – so die Franzosen die Revolution von 1789: ein Blutbad und Beispiel einer besonders spektakulären Form von politischer Gewalt, des bewusst inszenierten Terrors. Das Schauspiel der Guillotine sollte Schrecken verbreiten – ein Akt psychologischer Kriegsführung. Terrorismus ist seither eine beliebte Waffe staatlicher wie nichtstaatlicher Akteure jedweder Couleur in revolutionären und ethno-nationalistischen Kämpfen. Bis 1789 wurden Terrorakte meist religiös gerechtfertigt, dann für zwei Jahrhunderte weltlich. 1995 hatte sich das Blatt wieder gewendet: Von 56 Terrorgruppen begründete fast die Hälfte ihre Taten religiös. 2005 ließen sich 4000 Tote islamistischen und 2500 Tote weltlichen Tätern zuordnen.

Die Erfindung des Selbstmordattentats

Die gefürchteten Selbstmordattentate sind dabei mitnichten eine Erfindung der Muslime. Vielmehr waren es ausgerechnet Buddhisten, die in Japan den Krieg des Kaiserreichs als Heiligen Krieg verherrlichten und Selbstmordangriffe als Kamikaze-Opfertod priesen. Eine japanische Rotarmistin und Lebensgefährtin des christlich-palästinensischen Chefs der Volksfront zu Befreiung Palästinas (PFLP), George Habash, führte dann die Waffe 1972 unter säkularem Vorzeichen in den Nahen Osten ein. Da die Scharia Selbstmord verbietet, mussten islamistische Rechtsgelehrte die Tat erst noch zum religiösen Selbstopfer gleich »Märtyrerakt« im Sinn des aktiven Märtyrerbegriffs des Islam umdeuten: Der Attentäter falle wie ein Held auf dem Schlachtfeld und gehe als *schahîd* gleich Blutzeuge ohne Umwege ins Paradies ein. Was den islamistischen Mainstream von den Radikalen unterscheidet, ist die Reichweite dessen, was als statthafte Verteidigung gedeutet wird: »Märtyrerakte« gegen den zionistischen Staatsterrorismus gelten weithin als legitim und träfen keine Zivilisten, da jeder Israeli zum Militärdienst eingezogen werde kann. Dagegen verurteilten konservative Islamisten wie der mächtige sunnitische Rechtsgelehrte Yûsuf al-Qaradâwî die Anschläge von New York, Casablanca, London und Istanbul scharf als Terror und Mord an Zivilisten.

Revolutionärer Islam ist nicht gleich revolutionärer Islam. Das sunnitische Beispiel steht für sich radikalisierende Verlierer. Das schiitische hingegen für eine gelungene Revolution. Es siegte der Flügel Khomeinis – zuerst unter Aufschub von Gewalt und Dschihad über den Schah, dann mit einem Blutbad über den sozialrevolutionären Flügel der Volksmudschahedin.

Die Geburt von al-Qaida

Mit al-Qaida haben Radikalisierung und Reichweite des sunnitischen islamistischen Terrors eine neue Stufe erreicht. Das Terrornetzwerk des saudischen Milliardärs Osama bin Laden ging aus arabischen Hilfstruppen im afghanischen Widerstandskampf gegen die Sowjets hervor. Der gemeinsame ferne Feind zunächst dort und dann in Bosnien, Tschetschenien usf. führte militante Islamisten zusammen, denen es zuhause in Ägypten, Algerien, Saudi-Arabien usf. nicht gelingen wollte, die eigenen Regierungen zu stürzen. Das legte es nahe, sich zu verbünden und den Kampf gegen den fernen Feind zum Programm zu erheben: 1998 erklärten Bin Laden und Zawahiri im Aufruf der »Islamischen Weltfront für den Dschihad gegen Juden und Kreuzzügler« dem Westen den Krieg. Der Wechsel vom »nahen« zum »fernen Feind« gilt aber nur als das geeignete Mittel, den nach wie vor revolutionären Zweck zu erreichen: Die USA müsse zuerst gezwungen werden, alle ihre Truppen aus der arabischen Welt abzuziehen und ihre Unterstützung prowestlicher Regime aufzugeben, dann könne man endlich den »nahen Feind« besiegen.

»Do-it-yourself-Terrorismus«

So entstand das transnationale Terrornetzwerk al-Qaida (1996–2001). Nach dem spektakulären Anschlag auf das World Trade Center verlor al-Qaida als Organisation an Bedeutung und verwandelte sich in einen allgegenwärtigen Diskurs: die letzte Stufe der Globalisierung. Heute kann sich jeder Halbstarke durch antiwestliche Hasspredigten im Internet auf eigene Faust radikalisieren, so die bestens integrierten Attentäter von London: ein DIY-Online-Dschihad. Als Ideologie eines führungslosen Widerstands ist al-Qaidas paranoide Propaganda vom »Kreuzzug des Westens gegen den Islam« virulenter denn je. Die klassischen al-Quaida-Täter konnte man noch als privilegierte Modernisierungsgewinner und dadurch Entwurzelte schildern, die sich zu drei Vierteln fern der Heimat wieder zur Religion bekehrten und radikalisierten wie schon Sayyid Qutb. Dass nun das *antiwestliche* Ressentiment auch wiedergeborene *westliche* Muslime der zweiten Generation ansteckt, ist beunruhigend. Es sind junge Idealisten in der Pose des Welterlösers, das islamische Pendant zu den weltlicheren Widerstandshelden im modernen Revolutionstourismus, der seine Adressen kampferpichten Mitleids überall sucht und findet.

»Propaganda der Tat«

Die Rekrutierung durch leibhaftige und virtuelle Propagandisten kann allerdings nur gelingen, weil deren hetzerische Übertreibung tatsächliche Missstände anprangert: Die amerikanische Weltmachtpolitik in Afghanistan und am Golf, die Unterstützung Israels und repressiver Regime in der islamischen Welt liefern die nötigen Argumente. Al-Qaidas »Propaganda der Tat« zielt darauf ab, den Blutzoll auf Interventionspolitik so zu steigern, dass die Weltmacht auf eine Politik der Nichteinmischung umschwenkt. Terror, so schon der Drahtzieher des ersten Anschlags auf das World Trade Center 1993 und viele nach ihm, »ist die einzige Sprache, die ihr versteht«. Die Botschaft ist ein donnerndes »Ami go home!«. Es war der einst führende al-Qaida-Jäger der CIA, Michael Scheuer, der den rationalen Kern der Radikalisierung, die Kritik an dem »Imperialen Hochmut« (2004) der USA, ernst nahm – und zurücktrat, weil seine Regierung an einer Deutung festhielt, die den Interessenkonflikt verschleiert: Der Hass gelte den Werten und nicht etwa Taten der USA.

Langfristig wirksame Terrorprävention hätte die Plausibilität des Verschwörungstrugbilds an seinem Sitz im Leben zu widerlegen, d. h. die Missstände nach Möglichkeit abzustellen. Doch mahnen zwei Dinge zur Vorsicht: erstens die Verselbständigung eines Diskurses, der längst mehr fordert, als billig ist – etwa die Rückeroberung einst muslimischer Gebiete wie Andalusien und Südosteuropa; und zweitens das Streben nach Massenvernichtungswaffen. Im Erfolgsfall wäre Terror nicht länger eine Waffe der Schwachen. Ob aber ein Gleichgewicht der Schrecken heilsam oder unheilvoll ist, bleibt ungewiss.

'Azzâm, der Vordenker des arabischen Dschihads in Afghanistan, schrieb um 1985: »Die Pflicht erlischt nicht mit dem Sieg in Afghanistan. Der Dschihad bleibt die Pflicht jedes Einzelnen, bis alle Länder, die einst muslimisch waren, an uns zurückfallen. Vor uns liegen Palästina, Buchara, der Libanon, Tschad, Eritrea, Somalia, die Philippinen, Burma, der Südjemen, Taschkent und Andalusien.« So denken heute junge britische Anhänger des Hasspredigers Omar Bakri, der bis vor kurzem in London von Sozialhilfe lebte.

»Der Islam ist gegen Demokratie und Menschenrechte«

Reformatorischer Islam: Liberale und konservative Erneuerer

Der Glaube in der modernen Welt

Seit radikale Muslime auch Nichtmuslime morden und Mainstream-Muslime sich über Muhammad-Karikaturen und päpstliche Islamkritik entrüsten, steht der Islam auf dem Prüfstand: Heißt Islam Krieg oder Frieden? Unterdrückt er Frauen und Andersgläubige, fehlt es ihm an Aufklärung und Vernunft, ist er gegen Demokratie und Menschenrechte – ein ewiger Feind des Westens? Die Sorgen der Nichtmuslime bestimmen hierzulande die Debatte. Doch nicht nur sie zerbrechen sich den Kopf über den Islam. Seit über einem Jahrhundert ringen die Muslime um die Zukunft ihres Glaubens in der modernen Welt. »Das Haus des Islam steht heute an einem Wendepunkt. Muslime überall auf der Welt fragen sich: Sollen sie sich in der neuen Lage neu erfinden oder aber an den Rändern der Geschichte verenden?«, so das neue Forum www.futureislam.com.

Radikalislamische Diskurse geben dem Westen die Schuld am Niedergang – doch ist dessen Verteufelung anstelle von Selbstkritik ein Selbstbetrug. Radikalweltliche Diskurse suchen die Schuld beim Islam an sich – doch kommt Glaubensverzicht statt Reform für die Mehrzahl der 1,3 Milliarden Muslime nicht in Frage. Der Westen hört gern Stimmen, die ohne Gottesbezug für vertraute Konzepte streiten wie der junge iranische Blogger »Our Voice«: »25 Jahre religiöse Herrschaft haben wenigstens etwas Gutes bewirkt: In den nachfolgenden Generationen wird kein Iraner mehr auf die Idee kommen, Staat und Religion zu vermischen!« Nicht minder bedeutsam sind aber alle die Stimmen, die erst für eine Reform des Islam werben, nämlich des Islam*verständnisses* – und dann für gesellschaftliche und politische Reformen. Dreh- und Angelpunkt ist hier die Auslegung der Schrift für die Gegenwart, der Streit um den Sinn der Botschaft hier und heute. Wie ist der Koran zu verstehen, der vor über 1400 Jahren offenbart wurde? Und wie die Scharia, die darauf fußt? Und wie lassen sich dann im nächsten Schritt Demokratie und Menschenrechte religiös begründen?

Reformation des Islam

Auf Gott, nämlich den Koran und das ihn entfaltende Vorbild des Propheten, berufen sich dabei *alle* religiös argumentierenden Kräfte, ob Laien oder Gelehrte, militante Fundamentalisten wie Bin Laden oder fromme Feministinnen wie Schirin Ebadi. Die Rückbesinnung auf ein ursprüngliches Ideal macht sie allesamt im Selbstverständnis zu *Reformern* im wörtlichen Sinn: Sie suchen ihr Heil in einer Umkehr. Dem politischen Diskurs Europas ist das fremd, er versteht unter »Reform« nurmehr Fortschritt hin zu völlig Neuem statt *Erneuerung*. Und so hat unsere gänzlich verweltlichte Sicht bis heute kaum begriffen, dass die islamische Welt mitten in ihrer *Reformation* steht! 15 Jahrhunderte nach Christus schlug Luther seine revolutionären Thesen an. Als Khomeini 1979/1399 Revolution machte, trat der Islam gerade in sein 15. Jahrhundert islamischer Zeitrechnung ein. Wir überhören den Gleichklang, weil wir die religiösen Wurzeln unserer wie jeder anderen Moderne verleugnen; und bei einem Calvin allenfalls an die kapitalismusförderliche Arbeitsethik denken, nicht aber an seinen Genfer Gottesstaat samt Hexenverbrennungen. Als sei uns die Moderne ohne jedes Eifern und Blutvergießen in den Schoß gefallen.

Cola und Koran

Noch immer glauben viele im Westen, Reform hieße für die islamische Welt am besten: Hin zum Westen, zur Moderne, wie wir sie kennen und schätzen – und weg vom Islam! Wie bald *dieses* Modernisierungsziel in nichtwestlichen Gesellschaften passé ist, wusste schon Samuel Huntington: Die zweite Generation neige überall zur Rückbesinnung auf das Eigene, auf Verwestlichung folgt Entwestlichung. In der islamischen Welt war der Pendelschlag zurück – nämlich die Re-Islamisierung – besonders ausgeprägt. Hier gibt es Fanatiker des unverfälschten Glaubens, die Demokratie und Menschenrechte als dem Islam fremde Erfindung des Westens ablehnen – ein Puritanismus. Es gibt aber auch die ergebnisoffene Suche nach einer eigenen, islamisch geprägten Moderne, die beides verbindet: Kopftuch *und* Karriere, Cola *und* Koran, Zinsverbot *und* Konsum.

Spektrum der Diskurse

Der religiösem Reformdrang eigentümliche Doppelsinn von »Er/Neuerung« entbietet ein breites Spektrum mehr oder weniger wandlungsbereiter

Reformdiskurse. Die *Liberalen* möchten vor allem den Islam modernisieren und dabei auch vom Westen lernen, die *Konservativen* umgekehrt die Moderne islamisieren und übermäßiger Verwestlichung durch Rückbesinnung auf die Herkunft begegnen. Zwei Auffassungen von Reform (*islâh* – »Besserung«, Q 11:88) ringen um die Zukunft des Glaubens. Wer die Pathologien der Religion fürchtet, setzt stärker auf Emanzipation von der gottgewollten Ordnung, wen die Pathologien der Vernunft ängstigen, stärker auf deren Bewahrung.

So überrascht nicht, dass gerade Iran besonders liberale Stimmen hervorbringt: Hier zogen bedeutende Religionsgelehrte aus der Erfahrung, dass der Gottesstaat die Jugend dem Glauben entfremdet, den Schluss, dass Freiheit die Bedingung wahren Glaubens ist. So Mohammed Modschtahed Schabestari, der vor drei Jahrzehnten das schiitische Zentrum in Hamburg leitete und sich mit Bibelkritik und Hermeneutik vertraut machte. Der einstige Revolutionär ist heute ein Reformist, der für ein historisch-kritisches Verständnis der Offenbarung, Demokratie und Menschenrechte eintritt. Der »Islamischen Charta« des Zentralrats der Muslime von 2002, die Zuwanderer nur vertraglich auf die »lokale Rechtsordnung« verpflichtet, widersprach er: Man müsse Muslimen auch zei-

»Der größte Segen der islamischen Repulik ist, dass uns heute überhaupt nichts mehr heilig ist. Jetzt ist es schon so weit, dass die heranwachsende Jugend sogar die Existenz Gottes selbst leugnet.« (Weblog vom 13. 2. 2004)

gen, warum die Demokratie heute die islamgemäße Regierungsform ist – weil sie das ideale Medium darstellt, um den immerwährenden Kampf um das rechte Islamverständnis gewaltfrei auszutragen.

»Viele rechte Wege«

Abdolkarim Sorusch, auch er ein früherer Anhänger Khomeinis und nun Kritiker des Gottesstaats, geht noch weiter. Göttliche Wahrheiten seien zwar ewig – das fehlbare Wissen der Menschen davon aber schreite voran. Eine Neuerung wie Khomeinis theokratische »Herrschaft des Rechtsgelehrten« könne darum so wenig das letzte Wort sein wie jeder frühere Entwurf von Politik. Da religiöse Erkenntnis sich entwickelt, könne letztlich auch keine einzelne Religion für sich beanspruchen, im Alleinbesitz der Wahrheit zu sein – auch nicht der Islam! Es gebe also nicht nur *einen* »rechten Weg«, wie es in der Eröffnungssure des Koran heißt, sondern *viele* rechte Wege – ein erstaunliches Plädoyer aus Iran für religiöse Vielfalt als Forschungswettbewerb und das Menschenrecht auf Religionsfreiheit!

Schirin Ebadi

Die einstige Richterin und nunmehr Menschenrechtsaktivistin Schirin Ebadi erhielt 2003 den Friedensnobelpreis. Sie tritt der traditionellen frauenfeindlichen Deutung des Koran durch männliche Gelehrte mit einer neuen Auslegung entgegen: Koranischer *Grundwert* sei die Gerechtigkeit, also auch die Geschlechtergerechtigkeit – und das steche einzelne *zeitbedingte* Offenbarungen wie das ungerechte Erbrecht aus.

Abu Zaid und die Korankritik

Für ein historisches Verständnis des Koran streiten natürlich nicht nur Iraner. Zu den Vorreitern von Korankritik in der arabischen Welt zählt der ägyptische Literaturwissenschaftler Nasr Hamid Abu Zaid, der darum auf Betreiben von Islamisten durch ein Zwangsscheidungsverfahren zum Ungläubigen erklärt wurde und ins Exil ging. Er wies darauf hin, dass Gott in Mekka und Medina nur verstanden werden konnte, weil er sich in der Sprache der damaligen Hörer ausdrückte und die damaligen Gegebenheiten berücksichtigte. Der Text versteht sich darum nicht etwa von selbst, wie es Buchstabengläubige meinen, er bedarf vielmehr der Deutung für die heutige Zeit.

Wiederkehr des Idschtihâd

Diese Geschichtlichkeit der Offenbarung reflektieren heute wegweisend türkische Theologen wie Mehmet Pacaci und Ömer Özsoy in Ankara. Sich erneuern und dabei Muslim bleiben erfordere eine Anstrengung der Vernunft (*idschtihâd*), die koranische Botschaft über den Wandel der Zeiten hinweg zu verstehen. Es gelte nicht der Wortlaut, sondern der Sinn – wer am Buchstaben festhalte, verrate den Geist. Die Rechtsfindung müsse darum aus den geschichtlichen Einzelfällen die Grundsätze erschließen, anhand derer sich heute korangemäße Urteile fällen lassen. Den Verfechtern dumpfer Nachahmung überholter Mittel zum ewigen Zweck stellt Özsoy die Frage: Will unser Religionsverständnis »muslimische Menschen, oder etwa arabische, mittelalterliche Menschen«?

Die Zukunft der Scharia

Bleibt die Gretchenfrage: Welche Rolle soll Gottes Heilsweg, die Scharia, in muslimischen Mehrheitsgesellschaften heute spielen? Für liberale Reformer ist sie ein Sittengesetz, dem die Gläubigen aus freien Stücken folgen, und nicht etwa ein vom Staat zu erzwingendes Gesetz, wie manche Islamisten es wünschen. Die umstrittene Trennung von Religion und Staat begründet der Jurist und Aktivist sudanesischer Herkunft Abdullahi an-Na'im in »Die Zukunft der Scharia« so: Die religiöse Neutralität des Staates gewährleiste das freie und abwandelbare Bekenntnis des Individuums. Das erfordere aber keineswegs, dass Religion auch aus der Politik fernzuhalten wäre; die Zwangsprivatisierung des Islam werde abgelehnt und nichts habe dem Ruf des säkularen Staats bei Muslimen mehr geschadet als die – auch hier geläufige! – Annahme, die Trennung von Religion und Staat sei mit der von Religion und Politik gleichzusetzen.

> **»Ihrer Natur und ihrem Zweck nach kann die Scharia nur aus freien Stücken von Gläubigen befolgt werden, und ihre Grundsätze büßen ihre religiöse Autorität und ihren Wert ein, wenn sie vom Staat erzwungen werden.«**
> **Abdullahi an-Na'im**

Eine solche religiöse Argumentation stellt die Deutungshoheit konservativer Ulema und radikaler Islamisten weit wirksamer in Frage als jeder weltliche Diskurs. Das heißt noch nicht, dass sich die Scharfmacher überzeugen lassen. Entscheidend ist vielmehr, dass ein Liberaler wie Abou El Fadl in einer Fernsehdebatte über Selbstmordattentäter auf al-Jazeera im Jahr 2002 dem Islamisten al-Qaradawi beim Publikum das Wasser abgräbt und eine andere Sicht als die übliche ins Gespräch bringt.

Islamisierung der Moderne

Der 80-jährige sunnitische Rechtsgelehrte Yusuf al-Qaradawi zählt zu den Wortführern der Konservativen und erreicht als Fernseh- und Internetprediger ein arabisches Millionenpublikum vom Golf bis nach Marokko. Er verurteilt Anschläge wie 9/11 als Terrorismus, kann also gemessen an anderen als moderat gelten. Doch ist aus westlicher Sicht untragbar, dass er Selbstmordanschläge auf Israelis als Verteidigung rechtfertigt – womit er im arabischen Diskurs keineswegs zu den Extremisten zählt. Sein Ziel ist es, die Moderne zu islamisieren – und das bedeutet für ihn: verweltlichte Muslime zu sittenstrengen Frommen umzuerziehen. »Das Erlaubte und das Verbotene im Islam« heißt sein immer wieder nachgedrucktes Hauptwerk von 1960, mit dem er Rat suchenden Muslimen den rechten Weg lehrt – und zwar gerade auch im Westen, wo sich Muslimen im Alltag nichtislamischer Mehrheitsgesellschaften zugespitzt die Frage stellt: Was soll Islam für mich sein? Qaradawi steht für die autoritäre Antwort: Islam ist, was er und seinesgleichen bestimmen – die Rechtsgelehrten, und zwar solche, denen an einer möglichst weit reichenden Geltung der von ihnen gehüteten Scharia gelegen ist. Diese Gelehrten hätten also in einer in ihrem Sinn »islamischen Demokratie«

das letzte Wort, ein Vetorecht gegenüber Parlament, Regierung und Volk.

Tariq Ramadan

Da ist ein Mann wie der umstrittene Schweizer Intellektuelle Tariq Ramadan trotz konservativer Gesinnung aus anderem Holz geschnitzt. Antiklerikalen europäischen Meinungsmachern ist der Enkel von Hasan al-Bannâ', also des Gründers der Muslimbrüder, ein Dorn im Auge: Der bei jungen französischen Muslimen erfolgreiche Medienstar tritt für eine öffentliche Rolle von Religion ein, wie sie in den USA selbstverständlich ist. Ein laizistisch weichgespülter Islam im stillen Kämmerlein, wie man sich ihn hierzulande nach dem Beispiel des privatisierten Christentums wünscht, ist seine Sache nicht. Gerade darum predigt er glaubwürdig gegen revolutionäre Gewalt – und wurde in Blairs muslimischen Rat zur Bekämpfung des islamischen Extremismus berufen. Muslime in Europa, so Ramadan, sollten sich weder bis zur Selbstaufgabe anpassen noch in Ghettos abschotten, sondern durch kritische Aneignung der europäischen Kultur neu entwerfen. Folkloristisches Kostüm nach dem angeblichen Vorbild des Propheten ist für diesen Vordenker kein Zeichen besonderer Frömmigkeit, sondern buchstabengläubige Selbstverkindlichung. Dabei bleibt er ein Wertkonservativer, der Alkohol und Ehen zwischen Muslimin und Nichtmuslim ablehnt. Aber das letzte Wort haben nicht Gelehrte: Es entscheidet das »autonome Gewissen, das seine Wahl im Namen seiner Überzeugungen trifft«!

Damit stellt er, aus Sicht der Gelehrten ein halbgebildeter Laie, deren Deutungshoheit in Frage; und so könnte religiös begründete Gewissensfreiheit einer Demokratisierung der Diskurse den Boden bereiten. Noch herrschen allerdings in der islamischen Welt autoritäre weltliche Regime vor, in Tunesien und Ägypten ebenso wie in Syrien und Usbekistan. Freie Wahlen würden zunächst wie in der Türkei islamisch geprägte Bewegungen an die Macht bringen – deren Bekenntnisse zur Demokratie jedoch weniger Vertrauen verdienen als Erdogans AKP.

Dilemma der Reformer

Wohin das führt, ist ungewiss. Wer würde wo den *innerislamischen* Kampf der Kulturen gewinnen: die liberalen, die konservativen oder gar die radikalen Kräfte? Die weltoffenen Stimmen oder die puritanischen? Es ist ein Jammer, dass der Westen so oft seine Ideale durch Eigennutz und Gewalt kompromittiert hat. Nun müssen muslimische Menschenrechtsaktivisten gegen den Verdacht ankämpfen, Handlanger des Westens zu sein. Tariq Ramadan hat das kommunikative Dilemma vieler weltoffener Reformer auf den Punkt gebracht: »Was sollen wir tun, um auf eine Veränderung des Denkens hinzuwirken? Die schriftlichen Quellen verdammen – und von der islamischen Welt nicht mehr angehört werden? Eine so genannte moderne Meinung aufzwingen – und dafür als ›verwestlicht‹ im Handeln oder, schlimmer noch, Überläufer zur Sache des ›Feindes‹ angesehen werden? Vom Westen gehört werden um den Preis, das Gehör der islamischen Welt zu verlieren?«

Bruchstückhafte Modernisierung

Konservative haben Rückhalt im Volk, Liberale finden ihr Publikum vorwiegend bei verwestlichten Eliten und Nichtmuslimen im Westen. Was können religiöse Reformdiskurse da leisten? Die islamische Welt erlebt eine bruchstückhafte Modernisierung vieler Lebensbereiche ohne gesamtgesellschaftlich akzeptiertes Moderneprojekt. Damit ist der derzeit erreichbare Reformlevel gedeckelt – obwohl demokratische Ideale bei muslimischen Völkern nach den Erhebungen des World Values Survey anders als in Russland und China *keine* geringere Zustimmung finden als im Westen. Aus dieser Selbstfesselung könnten beide Diskurse führen – der liberale, wenn eine vom Islamismus enttäuschte Jugend auf seine Linie schwenkt, und der konservative, wenn Kulturvermittler wie Ramadan den Autismus der Puritaner überwinden, der nichts anderes ist als halbstarker Trotz.

»Der Westen führt einen Kreuzzug gegen den Islam«

Feindbild Westen: Das ansteckende Ressentiment

Feindbild Islam

Wer sich bedroht fühlt, spricht schlicht vom *Feind.* Al-Qaida zum Beispiel spricht so vom Westen, als sei er eine Meute von »Kreuzfahrern und Zionisten«, die den Islam vernichten wollen. Der Westen wiederum schwankt seit dem 11. September 2001, ob er nur den radikalen Islamismus oder den Islam an sich für seinen Feind halten soll. Allerdings mehren sich mit jedem Anschlag die Stimmen, die den Islam selbst für das Übel halten. Vom Feind*bild* spricht, wer an der unterstellten Feindschaft zweifelt und aufklären will. Aber eines sollte er dabei nie übersehen: Auch eingebildete Feinde machen Angst und erzeugen echten Hass! Beharrlich gepredigte Feindbilder vergiften das Denken und verzerren die Wahrnehmung des anderen krankhaft, bis nichts den Verdacht mehr entkräften und alles ihn bestätigen kann. Das ist es, was Feindbilder so gefährlich macht.

»Kampf der Kulturen«

Und zumindest in diesem Sinn hatte Samuel Huntington recht, als er 1996 einen »Kampf der Kulturen« zwischen islamischer und westlicher Welt vorhersagte. Was wurde er dafür gescholten! Ein »Feindbild Islam« verkünde er; in Wahrheit gehe es darum, die US-Kriegsmacht nach dem Zusammenbruch des Sowjetreichs mit einem neuen Daseinsgrund auszustatten … Heute müssen wir zugeben, dass Huntington die Gefahr für den Westen früher als andere wahrnahm – auch wenn er dabei den blutigeren *innerislamischen* Kampf der Kulturen übersah. Vielleicht versteht man sein Schlagwort vom »Kampf der Kulturen« am besten als Warnung vor dem *Radikalisierungspotential* jahrzehntelanger antiwestlicher Propaganda in islamischen Gesellschaften mit einmalig hohem Anteil an jungen, auf Heldentaten erpichten Männern.

»Haben wir zurzeit einen Kampf der Kulturen zwischen Christentum und Islam?«
56 Prozent bejahen, 25 Prozent verneinen, Rest unentschieden und keine Angabe, Allensbach-Umfrage vom Mai 2006.

Die Rede vom Kampf der Kulturen zwischen Westen und Islam liegt mithin nahe, mehr als die Hälfte aller Deutschen stimmt ihr mittlerweile zu. Die Diagnose nimmt den Hass antiwestlicher Prediger und die Gräueltaten ihrer Jünger schlicht beim Wort. Das ist fatal, weil es ausgerechnet denen Recht gibt, die mit ihren Anschlägen die Welt in Freund und Feind, Muslime und Nichtmuslime spalten wollen. Ist das Klima der wechselseitigen Wahrnehmung hinreichend vergiftet, genügt ein Missgriff, um Streit vom Zaun zu brechen. Ein Papst möchte die Gewaltfrage antippen und benutzt dazu ausgerechnet die feindseligen Worte eines von Muslimen belagerten Kaisers von 1400, nach denen Muhammad »nur Schlechtes und Inhumanes« wie die

Schwertmission hervorgebracht habe. Zwar distanzierte er sich von der »erstaunlich schroffen Form« des Vorwurfs. Dennoch glaubten keineswegs nur Übelwollende, er habe sich den Vorwurf in seiner maßlos überspitzten Form zu eigen gemacht – ein Feindbild der Vergangenheit, das derzeit allerorten reaktiviert wird. Unweigerlich war die Empörung groß – bei den Muslimen über den Papst und bei Nichtmuslimen über die Empörung. Glücklicherweise stellte der Papst dann in der Türkei unter Beweis, dass er einen Dialog anstrebt. Und auch die europäischen Muslime widerlegten manches Vorurteil, reagierten besonnen mit Kritik ohne Ausschreitungen. Wer sein Feindbild bestätigt haben wollte, musste die Bilder vom schäumenden Mob in der Ferne einkaufen. Den einen, immer und überall gleichen Islam gibt es nicht.

Die »Krankheit des Islam«

Die Kehrseite dieses Gegensatzes ist, dass er auf ein ernstzunehmendes Problem in der islamischen Welt hinweist – und zwar eines, das die sonst unverzichtbare Unterscheidung zwischen gemäßigten und radikalen Muslimen unterläuft. Der französische muslimische Philosoph Abdelwahhab Meddeb hat den Sachverhalt klar benannt: Die »Krankheit des Islam« gehe über die Militanz einer radikalen Minderheit hinaus, denn sie besteht im weit verbreiteten antiwestlichen Ressentiment. Darum beschwört der liberale Reformer Khaled Abou El Fadl seine Glaubensgenossen: Man möge sich die bitter nötige Selbstkritik nicht mit dem Hinweis ersparen, dass man die Terroristen verabscheue. Denn der

Terror sei nur die extremste Manifestation einer Verwirrung des Moralempfindens, die von breiten Kreisen Besitz ergriffen habe … Diese Worte tun weh, aber sie treffen einen wunden Punkt.

Versuchen wir also, die tatsächliche Verbreitung feindseliger Einstellungen mit Zahlen aus Umfragen zu erkunden. Das Pew Global Attitudes Project hat sich 2006 bemüht, den Graben zu vermessen, der Westler und Muslime trennt. Wenn man abfragt, wer wem so wenig schmeichelhafte Eigenschaften wie Arroganz, Fanatismus und einen Hang zur Gewalt nachsagt, kommt man zu dem Ergebnis, dass die Dinge nicht zum Besten stehen – und dass Muslime den Westen weit kritischer und verbitterter beurteilen als umgekehrt. Das deutet darauf hin, dass die Verschlechterung der wechselseitigen Wahrnehmung im Osten begann und die Eintrübung im Westen darauf reagiert.

Reizthema Gewalt

Konzentrieren wir uns auf das Reizthema Gewalt. Die westliche Öffentlichkeit dürfte mit Staunen erfahren, dass Muslime in Jordanien, Ägypten und selbst noch der Türkei Nichtmuslime im Westen zu drei Vierteln und mehr für gewalttätig halten – während umgekehrt selbst nach 9/11 nur ein Drittel bis höchstens die Hälfte der Briten, Franzosen, Amerikaner und Deutschen den Muslimen Gewalttätigkeit vorhält. Dahinter verbirgt sich eine einseitige Berichterstattung vor allem in der arabischen Welt, die den Westen pausenlos als militärischen Aggressor schildert – und von Israel und den USA regelmäßig Gründe für eine solche Darstellung geliefert bekommt. Die Selbstsicht vieler Muslime als Opfer gipfelt in der atemberaubenden Verleugnung von 9/11: Immerhin 59 Prozent der Ägypter und Türken und sogar 65 Prozent der Indonesier wollen nicht glauben, dass Araber die Täter waren. Soll heißen: Amerikaner und Juden haben den Massenmord inszeniert, um die armen Muslime anzuschwärzen. Dazu passt, dass die Hälfte der Ägypter und Jordanier Selbstmordattentate auf Zivilisten *zur Verteidigung des Islam* manchmal oder in seltenen Fällen für gerechtfertigt hält: Die ungerechte Gewalt geht eben immer vom anderen, vom westlichen Angreifer aus!

Deutsche Muslime halten Westler zu 34 Prozent für gewalttätig und zu 32 Prozent für unmoralisch, französische zu 29 Prozent bzw. 30 – Ägypter hingegen zu 75 Prozent bzw. 64 Prozent und Jordanier zu 81 Prozent bzw. 62 Prozent.

Opfer und Täter

Über die Frage, wer wen als Erster angegriffen hat, lässt sich trefflich streiten. Viele Muslime werden daran erinnern, dass sich westliche Nationen von Marokko bis Indien große Teile der islamischen Welt mit Gewalt angeeignet haben und die Unabhängigkeit von der Generation der Väter hart erkämpft werden musste. Der Papst hielt es für ratsam, an die muslimischen Eroberungen im Mittelalter zu erinnern. Und die Frankfurter Allgemeine lässt einen Historiker die christlichen Kreuzzüge nicht ganz zu Unrecht als notgedrungene Antwort auf den Dschihad charakterisieren; womit der größte Makel im heutigen christlichen Pazifisten-Selbstbild sich in nichts auflöst und der Schwarze Peter wieder beim anderen liegt: Ich Opfer, du Täter!

Selbstredend erklären solche Exkurse ins Mittelalter die heutige Konfrontation nicht im Geringsten. Darum genug des Sündenbockspiels. Die Pew-Studie enthält neben ungemütlichen Zahlen zum Grad der Selbstverblendung vor allem im Osten auch zwei erfreuliche Nachrichten. Erstens: Europäische Muslime teilen die Vorurteile, sprich Feindbilder ihrer fernen Glaubensgenossen in aller Regel nicht; so halten sie ihre Mitbürger viel seltener für gewalttätig als es etwa Äygpter und Jordanier tun. Zweitens: Satte Mehrheiten der europäischen Muslime widersprechen der bei ihren nichtmuslimischen Mitbürgern verbreiteten Annahme, das Leben als Frommer müsse in einer modernen Gesellschaft zu Konflikten führen. Man darf getrost unterstellen, dass sie den Segen der modernen Religionsfreiheit am eigenen Leibe erfahren haben – und besser als das antiklerikale Ressentiment verstehen, welch hohes Gut dieses Glauben ermöglichende Menschenrecht darstellt.

Führt das Leben als frommer Muslim zu Konflikten in einer modernen Gesellschaft? Deutsche Muslime meinen zu 57 Prozent nein, 36 Prozent ja; französische Muslime zu 72 Prozent nein, 28 Prozent ja; nichtmuslimische Deutsche zu 26 Prozent nein, zu 70 Prozent ja, nichtmuslimische Franzosen – bemerkenswert informiert – zu 74 Prozent nein, 26 Prozent ja!

Wider die »Westansteckung«

Woher rührt das antiwestliche Ressentiment? Die fremdenfeindliche Propaganda ist eine Reaktion auf die Verwestlichung der islamischen Welt wie antiamerikanische Ressentiments in Deutschland und Frankreich eine Reaktion auf die Amerikanisierung sind. Modernisierung hieß für Muslime über ein Jahrhundert Umbruch nach europäischem Vorbild. Das erschien manchen als Selbstverlust – und so forderten sie die Abkehr vom Westen und die Rückkehr zum Islam. Dies ist die Geburtsstunde des Islamismus als Ringen um kulturelle Selbstbehauptung. Der Widerstand gegen die »Westansteckung« hat zwei Gesichter. Zum einen begibt er sich auf die Suche nach einer eigenen, islamischen Moderne. Die Kehrseite ist leider oft eine Schmutzkampagne gegen den Westen. Der Gründer der Muslimbrüder Hasan al-Bannâ' ging in den 20er Jahren des letzten Jahrhunderts mit schlechtem Beispiel voran: Ein tyrannischer Strom des Unglaubens gehe über Ägypten hinweg – das vom Westen übernommene materialistische Denken, das den geliebten Islam bedrohe.

Spielarten der Ressentiments

Seither pflegen nicht nur Hardcore-Islamisten ihre antiwestlichen Ressentiments. Im glücklichsten Fall so verträglich wie der angesagte ägyptische Tele-Islamist Amr Khalid, dem die Jugend zu Füßen liegt. Wenn er verkündet, dass die Stärke des Westens in materiellen Errungenschaften und die Stärke des Islam in spirituellen Errungenschaften zu suchen sei, zielt er ausdrücklich nicht auf einen Kampf der Kulturen, sondern auf eine gegenseitige Befruchtung. Man muss dem Mann fast dankbar sein für seine Botschaft, obwohl sie ein plattes Vorurteil bedient: Sinnsucher im Westen glauben schon lang, dass der Osten ein wahrer Hort der Spiritualität sei. Muslimische Ressentiments sind oft nur ein Abklatsch der westlichen Selbstkritik – und damit ironischerweise wieder nur Nachahmung des Westens.

Im schlimmsten Fall hingegen steigert sich das Vorurteil zum militanten Feindbild übler Hasspredigten. Ein Paradebeispiel sind die Reden Osama bin Ladens. In endlosen Litaneien werden alle erdenklichen Ereignisse als Verschwörung und Vernichtungskrieg des Westens gegen den Islam gedeutet und die jungen Männer zum Verteidigungsdschihad gegen die »unsäglichen Verbrechen« Israels und der USA aufgerufen. Dabei lassen sich manche Vorwürfe nur noch als Auswüchse eines pathologischen Verfolgungswahns deuten: »Na los, brüstet euch doch vor den Nationen der Menschen damit, dass ihr ihnen AIDS gebracht habt, diese satanische amerikanische Erfindung!«

Opferdiskurse

Dennoch muss man sich vor Augen halten, dass die allseits präsente PR von al-Qaida kühl kalkulierte Propaganda zur Massenmobilisierung ist. »Die Medienstrategie«, so eine in islamistischen Portalen und Chatforen platzierte Tondatei, »muss stets in der Lage sein, unsere Aktionen rational und religiös zu legitimieren.« Und genau das ist sie: weil sie auf einen weit verbreiteten Opferdiskurs vertrauen darf, der die Schuld für alle Übel beim anderen sucht. Und weil die amerikanische Außenpolitik die Argumente liefert, mit der sich ein Verteidigungskrieg vor arabischem Publikum rechtfertigen lässt. Selbst Ayaan Hirsi Ali stellt fest: »Bin Ladin trifft natürlich einen richtigen Punkt, wenn er den Westen für die Unterstützung von Tyrannenstaaten kritisiert.«

Ressentiment, so Meddeb, macht aus souveränen verneinende Menschen, die zurückweisen, reagieren statt agieren, Hass anhäufen und auf die Stunde der Vergeltung warten. Die Fremdenfeindlichkeit des Islam gedeiht in Augenblicken existentieller oder als existentiell empfundener Bedrohung. Das war schon im Mittelalter so, als Mongolen das islamische Reich eroberten, und es kehrt nun im Zeichen amerikanischer Weltmachtpolitik wieder. Jüngst musste die CIA zugeben, dass der Einmarsch in den Irak die Jugend in Scharen dem islamistischen Terror in die Arme trieb. Der Grund dafür liegt auf der Hand: Das antiwestliche Ressentiment hat, auch wenn es noch so sehr Amok läuft, einen rationalen Kern – die Weltmacht USA tritt das von ihr proklamierte Selbstbestimmungsrecht der Völker mit Füßen, wo immer es amerikanischen Interessen dient.

Ressentiment und Zuwanderungspolitik

Ressentiments sind eine gefährliche Seuche. Sind Muslime im Westen vor Ansteckung gefeit? Das kommt auf die Umstände an. Die meisten europäischen Muslime teilen, siehe die Pew-Studie, die Vorurteile ihrer fernen Glaubensgenossen nicht. Doch es gibt eine unrühmliche Ausnahme: die britischen Muslime, die ihre Nachbarn weitaus kritischer beurteilen. Während in Frankreich nur 30 Prozent der Muslime Westler für unmoralisch und 29 Prozent für gewalttätig halten, sind es in Großbritannien 57 Prozent bzw. 52 Prozent. Noch krasser ist das Ausmaß der Verleugnung von 9/11: In Frankreich glauben immerhin 48 Prozent der Muslime an arabische Täter – in England hingegen nur 17 Prozent! Es ist nicht anzunehmen, dass die Empfänglichkeit britischer Muslime für die Propaganda der Hassprediger auf ihre Herkunft zurückzuführen ist. Hier rächt sich vielmehr eine Zuwanderungspolitik, die im Gegensatz zu derjenigen Frankreichs zur Absonderung statt Eingliederung ermunterte. Nun sind die Führer der muslimischen Gemeinde gefragt: Nicht Verleugnung und Beschwichtigung sind das Gebot der Stunde. Es gilt, den Stier bei den Hörnern zu packen und dem Ressentiment entgegenzutreten, wo immer es sein hässliches Haupt erhebt. Das Zusammenleben von Muslimen und Nichtmuslimen wäre sonst zum Scheitern verurteilt.

»Bin Laden beruft sich zu Recht auf die Religion«

Feindbild Islam: Das vermeidbare Ressentiment

Antiislamismus

Angst gebiert Hass und Hass neue Angst. Die spektakuläre Gewalt, zu der antiwestliche Hasspredigten junge Muslime verführen, jagt dem Westen Furcht ein und erzeugt Ressentiments. So nährt ein Feindbild das andere. Bis zum 11. September 2001 überwog in Islamdebatten die Beschwichtigung. Seit dem Massenmord herrscht Angst. Nun wird eine weltfremde Idealisierung des Islam von wachsender Islamfurcht verdrängt, die sich zur regelrechten Islamfeindschaft steigern kann. Den Weg dahin wies eine Hasspredigt der italienischen Journalistin Oriana Fallaci, die unmittelbar nach 9/11 entstand: »Die Wut und der Stolz«. Sie verweigert darin die Unterscheidung zwischen friedfertigen und militanten Muslimen und nennt sie alle »Söhne Allahs«, die nur eines im Sinn hätten: das Abendland zu erobern, sei es mit Waffengewalt, sei es durch Zuwanderung und Kinder, denn »sie vermehren sich wie die Ratten« und seien allesamt »Pioniere einer islamischen Diktatur«. Das sind eindeutig rassistische Töne. Dennoch stand Fallacis Pamphlet monatelang auf Platz eins der europäischen Sachbuch-Bestsellerlisten. Das hat unser aller Art, über den Islam zu denken und zu reden, stark verändert. Der Antisemitismus wird im Westen, wenn kein Wunder geschieht, vom Antiislamismus überflügelt werden.

Scheitern der Integration?

Die Angst vor militanten Muslimen überschattet eine zweite Debatte, die weitgehend zu Unrecht als Islamdebatte geführt wird: die überfällige Auseinandersetzung mit eklatanten Versäumnissen unserer Zuwanderungs- und Integrationspolitik. Die Entdeckung, dass Türken unter anderem auch Muslime sind, verdankt sich deren »Coming-out« – also der Tatsache, dass immer mehr Muslime *als Muslime erkennbar* in Erscheinung treten, vom umstrittenen Kopftuch bis hin zur Forderung nach dem Bau einer zünftigen Moschee. Der sich abzeichnende Wandel hin zu einer unwiderruflich multireligiösen Gesellschaft – in der Europastadt Brüssel ist bereits jedes zweite Neugeborene Muslim! – erfüllt selbst Weihnachtschristen und Religionslose mit Unbehagen. Seit dem Mord an Theo van Gogh durch einen in Holland geborenen Zuwanderersohn marokkanischer Herkunft kann sich dieses Unbehagen als Angst vor Unterwanderung durch Extremisten artikulieren, ohne den Verdacht der Fremdenfeindlichkeit auf sich zu ziehen. Daher ist es oft schwer zu sagen, bei wem Angst die Feder führt und bei wem Berechnung, die sich tarnt.

Parallelgesellschaften

Der produktive Teil der Integrationsdebatte handelt von Versäumnissen und Abhilfe. Der kontraproduktive Teil spricht schon vom »Scheitern der Integration«, wo es in Wahrheit gilt, von der vier Jahrzehnte währenden Illusion Abschied zu nehmen, das Notwendige geschehe von selbst. Stattdessen deuten die Gegner der türkischen Migration die für Zuwanderungsgesellschaften typische Ausbildung von ethnischen Vierteln – Chinatown, Little Italy und nun auch Klein Istanbul – als »Rückzug in die Parallelgesellschaft«. Dafür werden zwei Erklärungen angeboten, die beide die Religionszugehörigkeit der Zuwanderer in den Mittelpunkt stellen. Die erste Erklärung glaubt, dass Islamisten antiwestliche Ressentiments schüren und zur Selbstabsonderung aufrufen. Richtig ist, dass es solche Aufrufe gibt; jeder hormonell destabilisierte Halbstarke kann im Internet Webseiten finden, die zur Selbstadelung durch Ausstieg aus der sündigen Gesellschaft aufrufen, sei es der ägyptischen oder der deutschen. Aber richtig und mindestens genauso wichtig ist auch, dass nur 15 Prozent aller Deutschtürken Absonderung befürworten, während eine überwältigende Mehrheit sich dagegen ausspricht. Selbst unter der Minderheit der stark religiösen Muslime steigt der Anteil der Befürworter nur auf ein Drittel, die Mehrheit ist dagegen. Das heißt: Ausgeprägte Religiosität kann, sie muss aber kein Integrationshindernis sein.

Wie fragwürdig es ist, den Hauptgrund für deutschtürkische Enklavenbildung im Religiösen zu suchen, zeigt sich daran, dass Deutschrussen oder in den USA die Hispanics sich keineswegs anders verhalten – und das sind bekanntlich Christen. Weswegen die Öffentlichkeit in diesen Fällen nach den wahren Gründen forscht, statt sich in vordergründigen Spekulationen zu ergehen. Bei Zuwanderern muslimischen Glaubens ist das anders. Hier versteigt sich das antiislamische Ressentiment im Zeichen der

Angst sogar zu der Behauptung, »der Islam selbst« sei schuld am »Scheitern« der Integration.

Der Islam selbst und nicht nur ein bestimmtes, durch islamistische Propaganda verbreitetes antiwestliches Islamverständnis? Das ist starker Tobak. Und weil dieser Tobak unverkennbar nach Feindbild schmeckt, lassen nichtmuslimische Medien diese These am liebsten von Muslimen vertreten – und am allerliebsten von Musliminnen und Exmusliminnen. So schützen sich die Meinungsmacher vor dem Verdacht, antiislamischen Ressentiments Vorschub zu leisten: »Seht her, nicht wir, sondern die Muslime selber sagen, der Islam ist schuld!«

Wurzeln des Bösen

Niemand spielt diese Rolle erfolgreicher als die bildhübsche Exmuslimin Ayaan Hirsi Ali, die sich dem Publikum als Jeanne d'Arc einer radikalen Islamkritik präsentiert. Ali macht nicht wie zum Beispiel Irshad Manji einem bestimmten frauenfeindlichen, puritanischen und herrschsüchtigen Islam*verständnis* den Prozess. Sie sucht vielmehr »die Wurzeln des Bösen«, die Aggressivität und den Hass erklärtermaßen »im Islam selbst«, so die Leitfrage ihres Bestsellers »Ich klage an«. Wenn aber der Koran selbst das Übel ist und nicht sein Verständnis, dann hilft allein der Abfall vom Glauben – nach ihrem Beispiel. Die Atheistin Ali zielt nicht auf Reform, sondern auf Abschaffung der Religion. Darum bekräftigt sie ausgerechnet die fundamentalistische Sicht der Dinge als »wahren Islam«: »Ich glaube, Bin Laden beruft sich zu Recht auf die Religion.« Das ist eine perfide Lüge – ein Feindbild in der Tradition des europäischen Antiklerikalismus.

Die Rushdie-Affäre, der Karikaturenstreit und die Papstrede haben vorgeführt, wie leicht sich heute hüben wie drüben Feindbilder mobilisieren lassen. Das Vertrauen ist zerstört, Angst und Hass verzerren die Wahrnehmung des anderen wie in einer zerrütteten Ehe. Was tun, damit sich die Leidenschaften nicht weiter aufschaukeln? Wie lässt sich den Extremisten das Wasser abgraben, die Hass predigen und einen Keil zwischen Muslime und Nichtmuslime treiben wollen, hüben wir drüben?

Natürlich würde jeder gern das Feindbild des anderen entkräften. Aber wie soll das gehen, wenn die Glaubwürdigkeit bereits verspielt ist? Die Bilder, die unser Denken bestimmen, werden von Massenmedien gemacht. Und CNN kann senden, was es mag – kein Araber wird der Stimme Amerikas glauben, wenn es um Israel geht, dafür ist die Parteilichkeit der Perspektive viel zu offensichtlich. Man kann, so ernüchternd das ist, bereits eingeschliffene Feindbilder immer nur in den eigenen Reihen bekämpfen. Das heißt: Der Westen muss hoffen, dass sich in der islamischen Welt selbst die Stimmen und Institutionen mehren, die dem Spuk ein Ende bereiten. Dass zum Beispiel der mächtige Satellitensender Al Jazeera, der großes Vertrauen bei seinem Millionenpublikum genießt, weil er *kein* auf Desinformation getrimmtes Staatsfernsehen ist, nicht nur »die Wut der Straße« spiegelt – wie das die hiesigen Massenmedien ja auch tun müssen, wenn sie nicht Vertrauen und Quote einbüßen wollen. Sondern zugleich der Aufklärung durch gründliche und ausgewogene Information und echte Debatten einen Platz einräumt.

Hassprediger

Bleibt noch die heikle Frage, ob man im Westen weniger Anlass für Feindbilder geben könnte – da nämlich, wo die antiwestliche Propaganda einen wunden Punkt trifft, etwa die Unterstützung von Diktaturen. Die Frage richtet sich vor allem an die Großmacht USA. Dort setzt die Abhängigkeit vom Öl den Bemühungen um mehr Glaubwürdigkeit enge Grenzen. Noch heikler stellt sich die Frage, wenn es um die Veröffentlichung islamkritischer Standpunkte geht. Es liegt auf der Hand, dass freie Gesellschaften nie und nimmer Kritik verbieten dürfen, nur weil sich davon Betroffene gekränkt fühlen könnten. Es sollte aber auch auf der Hand liegen, dass das Recht auf freie Meinungsäußerung da seine Grenze findet, wo es in einer ganz bestimmten Weise missbraucht wird. Nämlich dazu missbraucht, das Volk gegen eine Minderheit oder ein anderes Volk zu verhetzen. Wer Hass predigt, ist eine Gefahr für den Frieden und für die Freiheit. Das gilt für radikale Islamisten, und das gilt für Oriana Fallaci und ihresgleichen. Das Feindbild Islam, das sie schuf, fordert auf zum Krieg. Wer den Antijudaismus und Antiokzidentalismus der Islamisten verabscheut, muss auch den Antiislamismus in den eigenen Reihen bekämpfen.

Ein Meisterstück war in dieser Hinsicht die Auftaktveranstaltung der von Innenminister Schäuble ins Leben gerufenen Islamkonferenz, zu der je 15 Vertreter des Staats und der organisierten wie der nichtorganisierten Muslime geladen waren. Denn mit bemerkenswerter Weitsicht lud Schäuble Vertreter der unterschiedlichsten Gruppierungen ein: liberale und konservative Muslime, verweltlichte Kulturmuslime und fromme Aktivisten. So saßen an einem Tisch der Vorsitzende des Islamrats Ali Kizikaya, dem immerhin die vom Verfassungsschutz beobachtete Islamische Gemeinschaft Milli Görüs angehört – und andererseits die deutschtürkischen Frauenrechtlerinnen Necla Kelek und Seyran Ates, also die schärfsten Kritikerinnen aller um innere Mission bemühten Islamaktivisten. Und neben Schriftstellern und einem Bundestagsabgeordneten der Grünen fand sich der Vorsitzende der Türkisch-Islamischen Union der Anstalt für Religion, kurz DITIB ein, die an die 870 Moscheen vertritt – und andererseits ein Vertreter der deutschtürkischen Aleviten, die sich nie und nimmer von einer sunnitischen Organisation wie DITIB vertreten fühlen werden. Mit anderen Worten: Hier waren Muslime in ihrer ganzen atemberaubenden Vielfalt und Gegensätzlichkeit vertreten. Und so wurde allen Seiten greifbar vor Augen geführt: Den einen, immer und überall gleichen Islam gibt es nicht. Niemand kann »den Islam« *allein* vertreten – und niemand sollte alle Muslime in einen Topf werfen, weil er Angst vor Radikalen hat. Ja, es gibt sie – aber es gibt auch ihr Gegenteil. Und wir alle, Muslime und Nichtmuslime, können den Kampf gegen die Hassprediger nur gewinnen, wenn wir zwischen gefährlichen und unbescholtenen Muslimen unterscheiden. Der erste und entscheidende Schritt ist ganz einfach: Wir müssen uns alle, ausnahmslos alle Sätze versagen, die mit »der Islam« oder »die Muslime« beginnen. Es ist ein Akt der Gerechtigkeit und Vernunft, mit dem die Heilung beginnt.

Anhang

Glossar

Aleviten; von: Ali; türkisch-kurdische Borderline-Muslime schiitischer Färbung, die sufische Heiligenverehrung mit schamanistischen Einsprengseln verbinden und eigene Rituale anstelle der schariatkonformen Glaubenspflichten pflegen

Ayatollah; wörtl.: Zeichen Gottes; hohes religiöses Amt des schiitischen Islam

Basmala; die Eröffnungsformel fast aller Suren des Koran

Bid'a; unzulässige Neuerung, ketzerische Lehre

Dschihad; von arab. »dschahada«: »sich bemühen, sich anstrengen«; Heiliger Kampf bzw. Heiliger Krieg

Fatwa; Gutachten zu einer Rechtsfrage

Fiqh; islamische Rechtswissenschaft

Fitna; wörtl.: Heimsuchung; historisch: die Kämpfe um das Kalifat zwischen Ali und Mu'âwiya

Hadith; Bericht von Taten und Aussprüchen des Propheten

Hidschra; Exodus des Propheten aus seiner Heimatstadt Mekka nach Medina im Jahr 622 AD; Beginn der islamischen Zeitrechnung

Idschtihâd; von arab. »dschahada«; wörtl.: Anstrengung; mehr oder weniger selbständiges Urteil in Rechtsfragen; Verfahrensweisen der Rechtsfortbildung, die das in Koran und Sunna offenbarte Gesetz ausdeuten und entfalten

Imam; Vorbeter beim Gebet; im schiitischen Islam: religiöser Führer in der Nachfolge des Propheten

Koran; von arab. qur'ân, Vortrag; das Heilige Buch des Islam.

Mudschahid; von arab. »dschahada«; Kämpfer, Gotteskrieger

Muezzin; Gebetsrufer

Salafiyya; umstrittener Sammelbegriff für eine Vielzahl von Reformern, die sich auf das Vorbild der »frommen Altvorderen« (as-salaf as-salih) der Urgemeinde berufen; das Spektrum reicht von reaktionär (buchstabengläubige Nachahmung) bis progressiv, die Wertung je nach Fremd- oder Selbstbezeichnung von Stolz bis Verachtung; hier verwendet für den puritanisch-sittenstrengen Pol des aktivistischen Felds

Scharia; Heilsweg, nämlich Kultus und (Sitten-)Gesetz, das sog. »Gottesrecht»

Schia; von arab. »schî'a«: Partei, nämlich Partei Alis im Kampf um die Nachfolge des Propheten; zweitgrößte Konfession des Islam

Sufitum; islamische Mystik

Sunna; wörtl.: Brauch; Weisungen und vorbildliche Handlungen des Propheten und seiner Gefährten, überliefert in den Hadithen

Sunniten; größte Konfession des Islam

Sure; arab. »sûra«: Form; Bezeichnung für die selbständigen Abschnitte im Koran

Takfir; von arab. »kufr«: Unglaube; jmd. des Unglaubens bezichtigen

Umma; Bezeichnung für die islamische Gemeinschaft der Gläubigen

Ulema; Religionsgelehrte des Islam

Wahhabiten; Anhänger der Lehre des Muhammad Ibn Abd al-Wahhab (st. 1792/1206); die in Saudi-Arabien beheimatete Wahhabiya vertritt eine erzkonservative Richtung des sunnitischen Islam

Literaturverzeichnis

Abou-Taam, Marwan/Bigalke, Ruth (Hg.) (2006): Die Reden des Osama bin Laden. München.

Amirpur, Katajun/Ammann, Ludwig (Hg.) (2006): Der Islam am Wendepunkt: Liberale und konservative Reformer einer Weltreligion. Freiburg.

Ammann, Ludwig (2001): Die Geburt des Islam: Historische Innovation durch Offenbarung. Göttingen.

Ammann, Ludwig (2004): Cola und Koran: Das Wagnis einer islamischen Renaissance. Freiburg.

An-Na'im, Abdullahi (2007): The Future of Shari'a: Secularism from an Islamic Perspective. Download von www.law.emory.edu/cms/site/index.php?id=2148

Aslan, Reza (2006): Kein Gott außer Gott: Der Glaube der Muslime von Muhammad bis zur Gegenwart. München.

Breuer, Rita (2006): Zwischen Ramadan und Reeperbahn: Die schwierige Gratwanderung der muslimischen Minderheit. Freiburg.

Bundesministerium des Innern (Hg.) (2004): Islamismus. Berlin.

Cook, Michael (2002): Der Koran: Eine kurze Einführung. Stuttgart.

Dreßler, Markus/Klinkhammer, Gritt (2003): Islam. Berlin.

Ende, Werner/Steinbach, Uwe (Hg.) (2005): Der Islam in der Gegenwart: Entwicklung und Ausbreitung, Kultur und Religion, Staat, Politik und Recht. München.

Esposito, John L. (2004): Von Kopftuch bis Scharia: Was man über den Islam wissen sollte. Leipzig.

Göle, Nilüfer/Ammann, Ludwig (Hg.) (2004): Islam in Sicht: Der Auftritt von Muslimen im öffentlichen Raum. Bielefeld.

Graf, Friedrich Wilhelm (2006): Moses Vermächtnis: Über göttliche und menschliche Gesetze. München.

Hassan, Riaz (2003): Faithlines: Muslim Conceptions of Islam and Society. Karachi.

Jenkins, Philip (2002/2006): Die Zukunft des Christentums: Eine Analyse der weltweiten Entwicklung im 21. Jahrhundert. Gießen.

Khoury, Adel Theodor (2005): Der Koran. Düsseldorf.

Körner, Felix (2006): Alter Text – neuer Kontext: Koranhermeneutik in der Türkei heute. Freiburg.

Metzger, Albrecht (2005): Islamismus. Hamburg.

Roy, Olivier (2006): Der islamische Weg nach Westen: Globalisierung, Entwurzelung und Radikalisierung. München.

Safi, Omid (Hg.) (2003): Progressive Muslims: On Justice, Gender, and Pluralism. Oxford.

Schiffer, Sabine (2005): Die Darstellung des Islam in der Presse. Würzburg.

Sen, Faruk/Aydin, Hayrettin (2002): Islam in Deutschland. München.

Steinberg, Guido (2005): Der nahe und der ferne Feind: Die Netzwerke des islamistischen Terrorismus. München.

Waldmann, Peter (Hg.) (2005): Determinanten des Terrorismus. Weilerswist.